KB235917

동양상담학 시리즈 ⑬

연암과 상담

정미정 · 박성희 공저

Oriental Counseling Series

학지사

동양상담학 시리즈를 펴내며

돌이켜보면 참 오랫동안 한국상담 또는 동양상담에 대한 연구와 논의의 필요성을 느껴 왔다.

처음 상담계에 입문할 때에는 그저 서양에서 들어온 지식을 열심히 섭취하여 상담을 잘하기만 하면 그만이라고 생각했다. 상담의 발상지가 서양이니까 그렇게 하는 게 하나 이상할 것도 없고, 또 상담계에 종사하는 모든 사람들이 그렇게 하니까 아무런 의구심이 들지 않았다. 하지만 시간이 지나면서 조금씩 내가 하는 일에 무엇인가가 빠져 있다는 사실을 눈치 채기 시작했다. 서양 사람들에게서 뽑아낸 상담 지식을 한국 사람에게 그대로 적용하는 데에 무리가 있다는 점을 알게 된 것이다. 그러니까 그때까지 나는 한국 사람을 미국 사람 대하듯 상담해 왔다. 이런 사실을 알게 되면서 내심 무척 당황하고 부끄러웠다. 한국 사람과 미국 사람

이 모든 점에서 똑같다면 모르되, 그렇지 않다면 맞지 않는 옷을 어색하게 입히려는 우스꽝스런 짓을 하고 있었던 셈이다.

이때부터 나의 고민은 시작되었다. 어떻게 하면 한국 사람들에게 어울리는 상담을 할 수 있을까? 어떻게 하면 한국 사람에게 적합한 상담 지식을 찾아내고 이를 체계적으로 정리할 수 있을까? 어떻게 하면 한국적 문화와 역사와 전통을 반영한 상담 이론을 구성할 수 있을까? 이런 고민 끝에 한국인의 일상생활에 스며 있는 삶에 대한 철학과 사상과 문화적 전통을 뒤져 보자는 생각을 하게 되었다. 이렇게 해서 이 책에 실린 원고들을 하나씩 쓰기 시작하였다. 이때 우연히 이웃나라 일본의 상담학자들도 일찌감치 나와 같은 고민을 하며 일본식 상담을 개발하였다는 사실을 접할 수 있

었다. 모리타 상담과 나이칸 상담은 그들의 치열한 문제의식이 잉태한 일본식 상담론으로서 우리가 한 번쯤 살펴볼 만한 가치를 가지고 있다. 이 책의 제목이 한국상담이 아니라 동양상담이라고 붙여진 것은 일본상담이 포함되었기 때문이기도 하고, 동양사회를 관통하고 있는 유·불·도 삼가의 사상이 주요 주제로 다루어지고 있기 때문이기도 하다.

원래 이 원고 집필을 시작할 때는 한 권의 단행본으로 출판하려고 하였다. 그러나 작업을 하다 보니 앞으로도 이런 작업이 끝없이 이어져야 할 거라는 생각, 그리고 연구가 완성될 때까지 오래 기다리기보다 그때그때 신속하게 연구 결과를 보고하는 편이 나을 거라는 생각이 들었다. 이 시리즈의 첫 원고가 이미 5년 전에 탈고되었다는 점이 이런 생각을 굳히게 했다. 앞으로

이 시리즈가 계속되기를 기대한다. 필자 역시 이 작업을 계속하겠지만, 한국상담과 동양상담에 관심 있는 상담학도라면 그 누구라도 이 작업을 이어갈 자격이 있다. 그리하여 앞으로 100권, 200권을 넘어서기까지 이 시리즈가 쌓여 가기 바란다. 감히 말하건대, 이 시리즈 목록의 길이는 한국상담의 성숙도를 보여 주는 바로미터가 될 것이다.

필자는 상담을 전공하는 후학들이 '우리와 우리 것'에 대해 관심 가지기를 간절하게 바란다. 원고를 쓰면서 필자는 우리 역사, 사상, 철학, 문화 속에 상담 정신이 깃든 자료가 그렇게 풍부하다는 데 정말 놀랐다. 그럼에도 이들이 상담학도들의 눈에 띄지 않았다는 사실이 참 이상하다. 다소 늦기는 했지만 이 자료들을 정리하여 현대 상담 속으로 끌어들일 때가 되었다. 외국으

로부터 배울 것은 배우되, 온고지신 하는 마음으로 우리 것을 품어서 한국상담학을 정립해 가는 창조적인 작업에 모두 동참하자.

이 작업을 시리즈물로 기획하자고 제안하신 김진환 사장님 그리고 상담에 대한 깊은 애정을 가지고 정말 꼼꼼하게 교정과 편집 책임을 맡아 주신 최임배 상무님에게 감사의 말씀을 드린다. 앞으로도 좋은 상담책 많이 출판하셔서 한국 상담계의 발전에 큰 몫을 담당해 주시기 바란다.

청주 원봉산 자락에서, 박성희

‘동양상담’ 하면 아직 낯설게 느끼는 사람이 대부분이다. 상담을 공부한 상담학도조차 ‘동양상담법’이 따로 존재할 수 있을까 하는 의문을 가진다. 그러나 조금만 깊게 이야기를 나누다 보면 어느새 동양상담의 필요성에 공감한다. 이때 필자들은 자연스레 그동안 출간된 〈동양상담학 시리즈〉를 추천하며 동양상담의 맛을 느껴 보라고 권한다.

필자들은 그동안 출간된 〈동양상담학 시리즈〉에 『연암과 상담』을 더하기로 했다. 이 책은 우리 조상의 삶과 사상을 통해 한국적 상담법을 찾으려는 시도의 하나다. 『연암과 상담』은 연암 박지원(燕巖 朴趾源)의 삶과 사상을 살펴보며 그 속에 담긴 상담학적 지식을 추출하여 한국적 상담법을 만들어 보기 위해 시도한 작업이었다. 북학파의 선두주자로서 평생 '이용후생(利用厚生)'을 부르짖었던 연암은 실제로 백성의 삶을 돕는 데 일생을 바쳤다. 그런 연암의 모습을 보고 필자들은 연암의 삶과 사상 속에 상담학적 지식이 가득 녹아 있음을 믿어 의심치 않았다. 그리하여 연암의 삶과 사상 속에서 상담학적 지식을 찾기 시작하였고 작업을 하면 할수록 상담자의 모습으로 전혀 손색이 없는 연암의 매력에 푹 빠져들었다.

이 책은 연암의 삶과 사상 중 상담학적 지식과 관련이 있다고 생각된 부분을 중심으로 엮었다. 연암의 사상은 이 책에 언급된 부분 이외에도 무궁무진하다. 앞으로도 많은 상담학도가 지속적으로 관심을 갖고 꾸준히 연구하여 좀 더 정선된 작품이 나오길 바란다. 아울러 연암뿐만 아니라 조상의 삶과 사상 속에서 우리에게 알맞은 한국적 상담법을 찾으려는 노력이 계속되길 바란다.

대표 저자
정미정 씀

차례

1

연암과 상담

조상의 삶에 대한 가치관, 태도, 생활양식 및 표현방식을 찾아보고 그로부터 상담 지식을 발굴하기 위해 필자들은 조선 후기의 대표적인 실학자이며 대문장가인 연암 박지원(燕巖 朴趾源)의 삶과 사상을 조명해 보았다. 연암은 일상 세계를 통해 가식과 꾸밈이 없는 진솔한 모습으로 부모로서, 친구로서, 목민관으로서 모범이 되었고, 인격적인 만남을 통해 상대방의 변화와 성장을 돕는 모습을 보였다. 또한 목민관으로 부임해 있는 동안 수많은 병폐와 부조리를 해결하고 백성의 삶에 도움이 되는 일을 함으로써 떠난 뒤에도 백성의 칭송이 끊이지 않았다고 한다.

연암이 어떤 삶의 원리를 지향하며 살았고, 어떻게 관계를 형성하고 유지하며 살았으며, 구체적으로 어떤 전략을 가지고 백성이 바람직하게 성장하도록 도울 수 있었는지를 중심으로 그의 삶과 사상을 살피다 보니, 상담자로서 갖추어야 할 인격을 갖춘 모습, 청담자와 바람직한 관계를 형성하고 유지하는 모습, 구체적인 전략과 기법을 가지고 청담자가 바람직하게 성장할 수 있게 도우며 살아가는 모습을 발견하는 게 어렵지 않았다. 연암의 삶과 사상에는 현대 한국 사회에서 바람직하게 성장하고 발전하는 데 필요한 원리와 방법, 즉 우리에게 적합한 상담학적 가치가 가득 담겨 있기 때문이다. 따라서 인격적 만남을 통해 생활 세계 곳곳에서 바람직한 변화를 돕는 상담자로 살아온 연암 박지원의 삶과 사상 속에서 상담 요소를 찾아, 현대 상담학적 관점으로 재해석하고 현대를 살아가는 우리에게 의미 있는 상담법으로 재구성하여 활용할 가치가 있다고 생각한다. 연암의 삶과 사상을 탐구하는 일은 바로 오늘을 현명하게 살아가는 방법을 탐색하는 일과 같기 때문이다.

연암의 삶과 사상 속에서 상담과 관련된 지식을 추출하여 현대 상담에 접목시키는 일은 무척 보람되고 뜻깊은 일이었다. 연암의 삶과 사상을 통해 한국적 상담법을 구성하면서 조상의 지혜와 사상을 통해 변화하고 성장하는 모습을 덤으로 얻을 수 있었기 때문이었다. 또한 연암의 삶과 사상을 통해 구체화한 상담 전략은 상담을 공부하는 우리에게 지속적으로 활용 가능한 상담지식을 더하는 계기가 되었다.

지금부터 한국적 상담법으로 재탄생할 수 있었던 연암의 삶과 사상 속으로 여러분을 안내해 보고자 한다. 이 글을 읽는 여러 상담학도도 연암의 매력에 푹 빠지리라 믿어 의심치 않는다.

연암의 생애와 사상

필자들은 연암의 아들 박종채의 『과정록(過庭錄)』을 쉽게 풀어 쓴 『나의 아버지 박지원』(박희병 역, 돌베개, 2009)을 중심으로 상담과 관련된 연암의 생애를 살펴보았고, 『과정록』에 더해 『연암집(燕巖集)』을 비롯한 연암의 저서, 연암의 교육사상에 관한 선행 연구들을 바탕으로 대표적인 연암의 사상을 살펴보았다.

『과정록』은 아들 박종채가 쓴 박지원의 전기인 동시에 아버지의 언행과 가르침을 기록한 글이다. 박종채는 『과정록』을 통해 아버지의 인간적인 면모뿐만 아니라 언행, 가르침, 사상 등을 잘 보여 주고 있다.

박종채는 『과정록』을 완성하기 위해 4년여에 걸쳐 들은 대로 기록하였고 조각글이나 짧은 메모라도 쓰는 대로 다 모았다. 그러나 "들은 대로 기록하여 신중함이 결여된 듯도 하지만, 감히 함부로 덜거나 깎아 내지 않은 것은 아버지의 풍채와 정신이 오히려 이런 곳에서 잘 드러난다고 생각했기 때문이다."(박희병 역, 2009)라고 말함으로써 이 책이 아버지 박지원을 포장하기 위해 더하여 보태거나 덜어 감추려고 애쓰지 않았음을 보여 준다.

따라서 필자들은 『과정록』을 쉽게 풀어 쓴 『나의 아버지 박지원』의 흐름을 중심으로 재구성하여 연암 박지원의 생애와 사상을 살펴보았다.

1. 연암의 생애

박지원은 1737년(영조 13년) 2월 5일 새벽에 서울 서부 반송방 야동에서 태어났다. 함자는 지원, 자는 미중

(美仲), 호는 연암이다. 그는 부친을 일찍 여의고 조부인 박필균 밑에서 자랐다.

연암은 서너 살 때에 이미 매우 조숙하여, 옛사람이 부모의 베갯머리에서 부채질하고 그 이부자리를 따뜻하게 한 일 등을 본받아 행했다고 한다.

16세에 관례를 올리고, 처사인 유안재 이보천의 집안에 장가를 들었는데, 이보천은 근엄하고 청렴고결하여 예법으로써 자신을 단속하는 인물이었다. 이보천은 특별히 연암을 애지중지하여 가르치고 꾸짖었으며, 절실한 말로 바로잡아 옛사람이 이룬 바와 같은 성취를 기대하였다. 연암은 그런 처사를 마음속 깊이 존경하여 처사에게서 맹자를 배우고 처삼촌인 학사공 이양천에게서 사마천의 글을 배워 문장 짓는 법을 터득하였다.

동양의 고전을 비롯하여 서양의 자연과학까지도 섭렵한 연암은 20세에 이미 문장에 대한 명성이 세상을 떠들썩하게 했다. 당시 대제학이었던 황경원은 연암이 지은 글을 보고 크게 감탄하여 훗날 연암은 틀림없이 대제학의 자리에 오를 것이라고 말할 정도였다고 한다.

그러나 과거에 뜻을 두지 않고 학문과 저술에 온 힘을 쏟았으며, 20~30세 사이에는 양반전을 비롯한 9편의 전(傳) 등 많은 글을 지어 당시 사회의 불합리한 세태를 풍자하였다.

30대에는 박제가, 이덕무, 유득공 등 늘 연암을 따라 어울리며 배우려 했던 사람들과 교류하며 우정을 돈독히 하였다. 연암은 그들과 함께 밤새워 학문을 토론하기도 하고, 당시 사회와 세도가들을 비판하기도 하였다. 박제가, 이덕무, 유득공 등은 서자 출신의 청년들이었는데 신분에 구애됨 없이 깊은 사귐을 맺었다. 특히, 박제가와는 사상과 비판의식이 크게 비슷하여 평생의 지기와 사제로서 친교가 돈독하였다.

연암은 일찍 과거를 통해 벼슬길에 나아가는 것을 그만두고 명예와 이익이 몸을 더럽힐까 봐 항상 경계하였으나 주위에 늘 사람들이 끊이지 않았다. 연암이 삼청동의 백련봉 아래에 세 들어 살 때에는 손님이 날마다 찾아왔다. 처음엔 그들이 글을 짓고 벗을 사귀는 일이 즐거워서 그러는 줄로만 알았는데, 얼마 지나지 않아 서로 자기 당파로 연암을 끌어들이려 한다는 것을 알게 된 연암은 이를 몹시 불쾌하게 여겼고, 이후 초연히 세상에서 벗어나려는 뜻을 품는다.

연암의 나이 42세 때에는 세상을 피해 가족을 이끌고 연암골로 들어간다. 평소 의론이 곧고 바르며 명성이 매우 높았던 연암은 당시 권세가인 홍국영의 눈엣가시였다. 미리 이 일을 눈치챈 유언호의 충고로 자취를 감추고 은둔하기로 한 것이다. 여기서 그는 독서에 전념하면서 늙은 농부의 농사 경험을 듣고 농서를 깊이 연구한다.

연암이 44세가 되었을 때 서울로 돌아왔는데 홍국영이 실세하여 화근은 사라졌지만 옛 친구의 대부분이 세상을 떠났고 사회의 분위기가 변해 옛날 같지 않았다. 항상 답답해하며 멀리 떠났으면 하는 생각을 갖고 있던 연암은 마침 삼종형(팔촌이 되는 형)인 금성도위 박명원이 청나라 건륭 황제의 칠순 생일을 축하하는 사절로 북경에 가게 되어 그 해 5월 함께 북경을 거쳐 열하로 들어갔다가 다시 북경을 통해 10월에 귀국하였다. 이때

대의명분에 사로잡혀 청의 문물을 업신여기는 일반 학자들과는 달리 중국의 풍속을 통해 천하대세를 살피며 시장의 번성함과 풍요로움, 견문한 시문, 사적에 얽힌 전설, 광대놀이와 재주 등을 낱낱이 기록하기도 하고, 산천, 성곽, 배와 수레, 각종 생활도구, 저자와 점포, 서민이 사는 동네, 농사, 도자기 굽는 가마, 언어, 의복 등 자질구레하고 속된 것을 가리지 않고 모두 기록하였다. 또한 열하와 연경에 머무르면서 많은 중국의 학자들과 문학, 역사, 음악, 종교, 자연과학 등 광범한 문제에 대해 토론하면서, 중국인의 이용후생(利用厚生)하는 생활을 보고 실학에 뜻을 두게 되었다. 그리하여 귀국 후에는 이용후생에 도움이 되는 청의 문명을 배워 오자고 주장하였는데 이로 말미암아 연암을 홍대용, 박제가 등과 함께 북학파의 대표적 학자라 일컫는다. 약 5개월간에 걸친 중국 여행을 마치고 귀국한 연암은 수년 동안 심혈을 기울여 연행 중에 기록한 원고들을 정리·보완하여 방대한 분량의 열하일기(熱河日記) 25편을 저술하였다. 그때 얻은 해박한 지식과 견문은 후에 연암이 벼슬을 할 때 백성에게 실질적인 도움이 되는 정책으로 나타난다. 특히, 살아가는 데 고통을 주는 여러 문제에 관심을 가지고 목민관이 다루어야 할 현실적인 문제들을 합리적으로 해결하는 밑바탕이 된다.

연암은 50세에 이르러서야 음관(陰官, 음서)으로 종9품의 선공감 감역에 제수됨으로써 벼슬에 오른다. 그러나 관직을 맡아 사사로운 이익을 도모한 적이 없었으며, 일을 처리함에 큰 원칙이나 법도와 관련된 경우에는 한결같이 그 규정을 엄격히 지키고, 비록 윗사람이라 할지라도 시시비비를 분명히 하였다.

53세 때에는 사복시 주부로 승진되었고 이듬해에는 의금부 도사를 역임하였으며, 55세에 한성부 판관을 거쳐 경상도 안의현감(종 6품)으로 임명되었다.

안의현감, 면천군수, 양양부사 등 목민관으로 나아가서는 겉치레 꾸미는 일과 자잘한 예법을 좋아하지 않아 번거롭게 꾸미거나 행차할 때 벽제하는 일, 음식을 올리는 절차, 수령의 기거 동작을 소리내어 알리는 일 등을 일체 없애며 모든 일을 간략하고 정숙하게 하도록 했다. 또한 백성을 다스릴 때 아랫사람에게 매를 때리는 것을 좋아하지 않았으며 아랫사람이 마음으로 감동하여 따를 수 있도록 먼저 본을 보이는 방법을 택했다. 소송을 심리하거나 옥사를 처리할 때 언성을 높이거나 성을 내는 일이 드물었으며, 깨우쳐야 할 일이 생겼을 때는 매일 밤 업무를 파안 후 한두 명을 불러다가 반복해서 깨우치게 하였다. 항상 백성의 삶에 도움이 되는 일이 무엇인가를 궁리하여 행하였으며, 다양한 방법을 동원하여 수많은 병폐와 부조리를 해결하였고, 청렴하고 인자한 선정을 베풀어 무고한 사형수를 여러 명 살려 내기도 하였다. 연암이 고을을 다스리는 동안에는 백성이 수령의 존재를 잊고 지냈다. 수령이란 원래 그런 것인 줄 알았으며, 선정(善政)이 어떤 것인지도 몰랐다. 그러나 목민관을 그만두고 떠나게 되자 백성은 연암을 가리켜 아무 일도 하지 않는 듯하면서도 위엄이 있고 인자하였으며, 그로 인해 관아와 고을이 모두 한가하고 요족하여 저절로 즐거웠을 뿐만 아니라 그처럼 좋은 시절은 다시 볼 수 없을 거라고 칭송이 자자하였다.

63세에 충청도 면천군수(정 4품)에 임명되었을 때 정조가 특별히 농업을 권장하여 수령들로 하여금 저마다 농서를 지어 바치게 하자, 『과농소초(課農小抄)』 14권과 부록으로 토지개혁안인 『한민명전의(限民名田義)』를 지어 바쳤다.

양양부사로 승진된 이듬해 정조가 승하하고 순조가 즉위하자 64세의 연암은 노병을 핑계로 사임하고 연암골에서 문필 생활을 계속한다.

일생을 가식과 꾸밈이 없는 진솔된 모습으로 부모, 친구, 목민관의 위치에서 모범이 되는 삶을 살아가고, 관계 정립을 위한 공감적 이해를 기본으로 때로는 진정성, 성실성을 보이고, 때로는 수용을 바탕으로 다양한 만남과 관계를 형성하는 모습을 보이며 상대방의 변화와 성장을 돕던 연암 박지원은 1805년(순조 5년) 10월 20일 오전 8시경, 가회방 재동 집에서 69세로 장례를 검소하게 치르고 깨끗이 목욕시켜 달라는 유언을 남기고는 편안히 잠을 자듯 생을 마감한다.

2. 연암의 사상

연암의 사상 가운데 가장 뚜렷한 것은 실학사상이다. 실학자로서의 그는 도덕을 이용후생에 앞세우는 유학을 거부하면서, 이용후생을 도덕에 앞세웠다. 즉, 도덕생활과 경제생활의 관계를 "이용이 있은 연후에 후생이 될 것이요, 후생이 된 연후에 정덕이 될 것이다."(한정주, 2007)라고 주장하였다. 이용후생이란 사물을 적절히 이용하여 생활을 윤택하고 편리하게 하자는 뜻인데, 이를 도덕에 앞세워 인식한 것은 백성의 경제적 · 실제적 삶은 무시하고 무조건 유교적 도덕만을 강조하는 당시 유학자들을 비판한 것과 다름 아니다.

1) 이용후생

연암 박지원은 북학파의 대표적 인물이다. 북학파 학자들을 '연암 그룹'이라고 하는데 그 중심에 연암이 있기 때문이다. 박종채의 『과정록』을 보면,

　　아버지는 늘 남들과 함께 식사하는 걸 좋아하였다. 그
　　래서 함께 식사하는 사람이 언제나 서너 사람은 더 됐다
　　(박희병 역, 2009, p. 232).

라고 적은 부분이 있다. 이름하여 '연암 그룹', 구체적으로 홍대용과 정철조, 서얼인 박제가와 이덕무, 유득공, 무인 백동수 등이 핵심 멤버다(고미숙, 2007).

그들은 교양과 사교를 위한 사귐이 아니라 "매번 만나면 며칠을 함께 지내며, 위로 고금의 치란(治亂)과 흥망(興亡)에 대한 일로부터 옛사람들이 벼슬에 나아가거나 물러날 때 보여 준 절의(節義), 제도의 연혁(沿革), 농업과 공업의 이익 및 폐단, 재산을 증식하는 방법, 환곡을 방출하고 수납하는 법, 지리, 국방, 천문, 음악, 나아가 초목(草木), 조수(鳥獸), 문자학, 산학(算學)에 이르기까지 꿰뚫어 포괄하지 아니함이 없는"(박희병 역, 2009) 그룹이었다. 이렇게 그들이 매번 모이면 시간 가는 줄 모르고 밤낮을 잊은 채 나눈 담소에서 보듯이 연암 그룹, 즉 북학파는 청나라의 선진 문명과 과학 기술

을 배우고 받아들여 조선을 부국강병한 나라로 개혁하는 것을 학문의 모토로 삼았다(한정주, 2007).

연암이 활동한 18세기 중후반의 청나라는 세계 제일의 경제력과 군사력은 물론 선진 문명과 과학 기술까지 보유한 초강대국이었다(한정주, 2007). 연암은 이렇듯 세계 제국으로 발돋움하는 청나라를 배워 조선을 부국강병한 나라로 만들어야 한다고 생각했던 것이다.

1780년(정조 4년) 연암은 북학을 위한 연행길에 올랐다. 물론 연암이 북학을 연구하기 시작한 시점은 그보다 앞선다. 과거를 통한 정치적 출세의 뜻을 완전히 접은 35세 이후 은둔생활을 시작한 연암은 그의 벗들과 더불어 이용후생의 학문을 연구하고 토론하였는데 그 중심을 차지하고 있었던 것이 북학이었다. 그리하여 연암의 연행길은 그동안 연구하던 학문을 눈으로 보고 몸으로 체험하며 배우기 위한 것이었다.

연암은 연행을 통해 이용후생의 학문을 보고 배웠다. 그리고 그 체험 결과, 즉 이용후생의 방법, 사회 경제 개혁의 구상 등을 귀국 후 「열하일기」에 고스란히 담았다.

연암의 가장 큰 줄기인 이용후생에 관한 견해는 「열하일기」의 첫머리 〈도강록(渡江錄)〉에 밝혀 놓고 있다.

주변을 둘러보니 모든 사물이 고르고 단정하다. 한 가지 일이라도 구차스럽게 대충 꾸며 놓은 법이 없고 하나의 물건이라도 아무렇게나 어지럽혀 놓지 않았다. 심지어 소 외양간이나 돼지우리까지 모두 법도 있게 제자리에 놓여 있고 나무더미나 거름 무더기까지 유달리 깨끗하고 맵시가 있어서 그 모양새가 마치 그린 듯하다. 아아, 이런 다음에야 비로소 이용(利用)이라고 말할 수 있지 않겠는가. 이용이 있은 다음에야 후생(厚生)이 될 것이요, 후생이 된 다음에야 올바른 다스림이 있을 것이다. 대체로 이용이 되지 않으면서 후생할 수 있는 사람은 드물므로 생활이 이미 제각기 넉넉하지 못하다면 어찌 그 마음을 바로 지닐 수 있겠는가(한정주, 2007 재인용).

이것은 연암의 연행 목적이 이용후생의 학문과 방법을 배우는 것이고 연암 사상의 가장 큰 줄기임을 보여준다. 그 당시 조선의 관료와 지식인들은 대부분 청나라를 오랑캐로 여겨 미개한 풍속으로 업신여기고 배척

하였지만, 연암은 이용후생을 위해서는 청나라의 선진 문물과 과학 기술을 배워야 한다고 생각하였던 것이다.

연행 중 연암의 눈에 들어온 것은 화려한 궁성이 아니라 아무도 눈길을 주지 않는 벽돌, 수레, 기와, 가마 등이었다. 그리하여 연행 중 벽돌을 찍어 내는 법, 기와 만드는 법이나 온돌법, 가마, 수레, 말 등의 이용을 자세히 관찰하고 기록하였다. 이용을 위해 연암이 관심을 가지고 기록한 벽돌, 가마, 온돌, 수레, 말 등에 관한 이용법은 후에 연암이 안의현감이 되었을 때 백성을 위해 실천할 기회를 갖는다. 이곳에서 연암은 백성의 생활에 편리한 기구, 농업 기술 개선과 생산력 향상에 도움이 될 만한 각종 도구를 제작하고 보급했다. 평소 그가 익히고 연구한 청나라의 선진 문물과 과학 기술을 직접 적용하고 이용후생의 사상을 실천할 수 있었던 것이다. 연암의 이런 행적은 아들 박종채가 저술한 『과정록』에 자세하게 기록되어 있다.

아버지는 북경에 가셨을 때 농기구와 베틀 등 백성들

의 실생활을 편리하게 하는 기구들을 자세히 살펴보셨다. 귀국 후에 본떠 만들어서 국내에 통용시키고자 해서였다. 그러나 막상 생활이 어려워 시도해 보지 못하고 있었다.

급기야 안의읍에 부임하셔서 눈썰미와 손재주가 있는 장인들을 가려 뽑아 양선(颺扇), 베틀, 용골차(龍骨車), 용미차(龍尾車), 물레방아 등 여러 기구를 제조케 하여 시험해 보셨다. 힘은 적게 들이고도 일을 빨리할 수 있어 혼자서 수십 명이 하는 일을 해낼 수 있었다. 그러나 그 뒤 이 기구들을 본떠 만드는 사람이 없었다. 그래서 결국 국내에 통용되지 못했으니 안타까운 일이 아닐 수 없다(박희병 역, 2009, pp. 117-118).

이외에도 연암은 연행길에 배우고 익힌 벽돌 굽는 법이나 가마 제작하는 법을 이용해 연못가에 집을 지을 때 벽돌로 담을 쌓기도 하고, 임금의 명에 의해 가마를 설치하여 벽돌을 굽기도 하는 등 그가 배우고 연구한 이용후생의 사상을 틈만 나면 실천하려는 모습을 보였다.

2) 유통 경제의 활성화와 상업 활동의 자유

연암의 이용을 통해 나라와 백성의 삶을 풍요롭게 한다는 이용후생의 원칙은 그의 사상의 뿌리로 자리 잡는다. 더불어 연암은 나라와 백성의 삶이 풍요로워지기 위해서는 무엇보다도 유통 경제의 활성화와 상업 활동의 자유가 가장 중요하다고 보았다.

경제생활에서는 서로 필요한 물자를 바꾸어 써야 한다. 연암은 연행 중 '수레의 활발한 이용'을 눈여겨보았다가 수레를 이용하면 험준한 곳이라도 이를 수 있고 수레가 다니다 보면 교통로와 상업 활동이 자연스럽게 발전해 물자는 풍부해지고 백성의 생활은 윤택해질 것이라고 하며 '수레 이용'의 중요성을 강조한다. 그리하여 「열하일기」의 〈차제(車制)〉를 통해 조선의 가난함이 수레를 이용한 유통 경제가 발달하지 못했기 때문이라고 주장한다.

우리가 일상생활에서 서로 바꿔서 사용해야 하는데, 지금 이곳에서 흔한 물건이 저곳에서는 희귀해 그 이름을 들어도 실제 보지 못한 까닭은 무엇인가. 이것은 오로지 물건을 멀리 운반할 수단이 없기 때문이다. 사방이 겨우 몇천 리밖에 안 되는 나라에서 백성의 살림살이가 이토록 가난하다. 그 까닭을 한 마디로 표현한다면 수레가 국내에 다니지 못하기 때문이라고 하겠다.

수레를 이용한 유통 경제의 활성화와 함께 연암이 중시한 상업 활동의 자유에 관한 의견은 박종채의 『과정록』 이곳저곳에서 찾아볼 수 있다. 먼저 연암은 시중의 곡물가를 억제하는 한편, 곡물의 매점매석을 막으려는 조정의 정책에 대한 의견으로 지나친 시장 개입은 '상업 활동의 자유'를 해쳐 시장의 정상적인 기능조차 마비시킬 수 있음을 이야기하고 있다.

옛사람이 시장에 인위적으로 개입하여 그 흐름을 교란하지 말라고 경계한 까닭은 무엇 때문이겠습니까? 상인이란 싼 곳의 물건을 가져와 비싼 곳에다 파는 존재이며, 백성과 나라는 그 도움을 받고 있습니다. 진실로 장사하는 데 이익이 없다면 뒤도 돌아보지 않고 가버릴 게 뻔합니다. 무엇 때문에 값을 내려서 팔려고 하겠습니까? 지금 이 명령을 시행한다면 서울의 상인들은 장차 곡물을 다른 데로 옮겨가 버릴 것입니다. 또한 매점매석을 막는다면 서울로 오던 사방의 곡물상들이 그 사실을 전해 듣고는 필시 다시는 경강(京江)으로 들어오지 않을 것입니다. 이렇게 되면 서울의 식량 사정은 더욱더 어려워질 것입니다(박희병 역, 2009, p. 76).

또한 연암은 상업 활동의 발달이 국가 재정을 풍족하게 한다고 확신하며, 그러기 위해서는 상업과 상인을 중시해야 한다는 중상주의 사상을 펼친다.

상인은 4민(四民: 사(士), 농(農), 공(工), 상(商)) 가운데 비록 천한 직업이기는 하나 상인이 없으면 온갖 물건이 유통될 수 없다. 이것이 상업을 폐지할 수 없는 이유다. 또한 부가 백성에게 축적된 뒤에라야 국가 재정이 풍족해진다.

상인은 관에서 조종해서는 안 됩니다. 조종하면 물건 값이 고정되고, 물건 값이 고정되면 이익을 얻을 수 없게 되며, 이익을 얻을 수 없게 되면 가격을 조절하는 시장 기능이 마비되고 맙니다. 그렇게 되면 농민과 수공업자가 모두 곤궁해지고 백성들은 살아갈 바탕을 잃게 됩니다. 그러므로 상인들이 싼 곳의 물건을 사다가 비싼 곳에다 파는 행위는 실로 넘치는 것을 덜어내어 부족한 데다 보태 주는 이치인 것입니다. 이는 비유컨대 흐르는 물 밑의 가벼운 모래가 출렁거리는 물결에 고루 퍼져 솟은 곳도 패인 곳도 없게 됨이 절로 그렇게 되는 것과 마찬가지입니다(박희병 역, 2009, p. 77).

이렇듯 연암은 유통 경제의 활성화와 상업 활동의 자유가 나라와 백성의 삶을 풍요롭게 만드는 가장 바람직한 경제정책이라고 보았다. 그래서 상인이 4민 중 가장 천한 직업인이지만 자유롭게 상업 활동을 하도록 보장하면 생산과 유통이 활발해지고, 백성의 수요 욕구가 넘쳐나 경제가 활성화되고 나라와 백성의 생활이 윤택해지므로 이것이 부국강병으로 가는 지름길이라고 생각했던 것이다.

3) 농업과 토지개혁

황무지 개간이나 목축, 농민 문제에 대해 깊은 관심을 갖고 있었던 연암은 홍국영을 피해 연암골에서 은둔생활을 시작하면서 우리나라의 농서와 중국의 농서를 연구한다. 그때 이 책 저 책에서 발췌해 놓은 종이쪽지를 상자에 가득 모아 둔다. 후에 정조가 특별히 농업을 권장하여 농서를 구한다는 윤음(綸音)을 내리고 관찰사와 수령들로 하여금 농서를 지어 바치게 한다. 이에 연암은 예전에 발췌해 놓은 글에 자신의 견해를 덧붙이는 한편, 연행길에서 보고 듣고 체험한 사실 가운데 우리나라에 시행함 직한 것들을 추가해 14권의 책을 지어 책 이름은 『과농소초』라 하고 따로 지은 『한민명전의』 한 편을 부록으로 붙여 정조에게 바친다.

이 책을 통해 연암은 농업 및 토지 개혁에 관한 자신의 사상을 세상에 내놓는다. 이 농서로 인해 그는 중상주의 학파의 리더이면서 농업 및 토지 개혁을 주창한 사상가로 자리 잡게 된다(한정주, 2007).

연암은 『과농소초』와 『한민명전의』를 통해 농업 및

토지 개혁 사상을 다루고 있다. 『과농소초』에서는 농기구, 비배관리법, 거름과 비료, 관개수리, 곡물의 선택과 파종, 수확, 소의 사육 등 실제 농업에 필요한 모든 부분을 자세하게 다루고 있는데, 특히 연암은 농기구 개량, 농사 기술 개선, 과학적이며 효율적인 영농법을 도입하여 농업의 생산성을 향상시킬 수 있는 각종 대책을 제안했다. 또한 『한민명전의』는 연암이 토지 제도와 토지 소유 문제를 다루기 위해 적어 놓은 글로 연암의 토지 개혁 사상을 자세히 들여다볼 수 있다. 여기에서 그는 토지 겸병의 폐단이 나라의 재정과 백성의 생활이 궁핍해지는 근본 원인이라고 진단한 다음, 토지 소유의 상한선을 설정하는 '한전론'을 시행할 것을 적극 주장하였다.

토지 소유를 제한한 후라야 겸병한 자가 없어지고 겸병한 자가 없어진 후라야 산업이 균등하게 될 것이고, 산업이 균등하게 된 후라야 백성들이 모두 안정되어 각기 제 토지를 경작하게 되고, 근면한 사람과 나태한 사람의

구별이 드러나게 될 것입니다. 그리고 근면한 사람과 나
태한 사람의 구별이 드러나게 된 후라야 농사를 권면할
수가 있고 백성들을 가르칠 수가 있을 것입니다(한정주,
2007 재인용).

연암의 한전론은 경자유전을 원칙으로 토지 소유의
상한선을 두고 토지 소유를 제한하여 토지를 실제로
경작하는 농민들에게 재분배함으로써 자영농을 적극
육성하자는 것이었다. 연암은 한전론을 시행하여 자영
농이 늘어나면 국가 재정이 풍요로워지고 백성의 생활
이 넉넉해져서 경제적으로 안정을 가져다줄 것이라고
생각했다.

3. 연암의 세계관

연암의 세계관은 자연 내지 우주에 대한 과학적 인
식의 기초 위에 성립되어 있다. 그의 과학적 인식은 지

전설(地轉說)에 바탕을 두고 있는데, 이는 홍대용의 지전설에서 도움받은 것이다. 이 지전설의 내용은 서양인들은 땅이 둥글다는 것만을 알았지 땅이 구(球)체로서 회전운동을 한다는 것은 알지 못했다고 하면서 움직이지도 않고, 돌지도 않고, 생명도 없는 덩어리라면 곧 고인 물과 죽은 흙인 만큼 잠깐 사이에 썩어 사라져 버릴지니, 오랫동안 한 곳에 멈추어 있을 수 없다는 것이다. 이렇듯 연암의 지전설은 서양 서적을 접하지 않고 도출되었으며, 오히려 서양 사상의 한계까지 지적할 정도였다. 물론 이러한 그의 논증은 만물의 근원은 먼지라고 보는 '만물진성설(萬物塵成說)'의 철학적 입장에서 출발한다.

연암은 이 세상의 만물은 티끌에 근거한 기(氣)의 작용으로 이루어진다고 보았다.

티끌과 티끌들이 서로 의지하되 티끌이 어린 것은 흙이 되고, 티끌이 추한 것은 모래가 되며, 티끌이 굳은 것은 돌이 되고, 티끌의 진액은 물이 되며, 티끌이 따스한

것은 불이 되고, 티끌이 맺힌 것은 쇠끝이 되며, 티끌이
번영한 것은 나무가 되고, 티끌이 움직이면 바람이 되며,
티끌이 찌는 듯하게 기운이 침울하여 모든 벌레가 되는
것이다. 이제 우리 사람들은 곧 모든 벌레 중의 한 족속
에 불과함이니……(고미숙, 2007 재인용).

만물의 근원은 티끌이고 이 미세한 티끌들의 응취결
합(凝聚結合)과 운동에 의해 만물이 생성되는데 기(氣)
는 이 티끌들의 응취결합을 가능하게 하는 활력이라고
보았다. 『연암집』 권1 〈원도에 대해 임형오에게 답함
(答任亨五論原道書)〉(신호열, 김명호 역, 2007)을 보면 그
의 세계관을 좀 더 자세히 살펴볼 수 있다. 천지는 큰
그릇이며 거기에 가득 차 있는 것은 기(氣)요, 가득 차
게 하는 원인은 이(理)다. 음과 양이 변하여 가는 데 이
(理)는 그 가운데 있고 기(氣)로써 감싸고 있다. 이것은
마치 복숭아가 씨를 품고 있어 수만 개의 복숭아가 동
일한 형상이요, 마치 엽전이 땅에 흩어져도 수만 개의
엽전을 한데 꿸 수 있는 것과 같다. 이것은 이(理)가 단

일한 근원이라 길은 달라도 귀결은 같은 때문이라고
하였다.

이처럼 이(理)는 만물 가운데 내재해 있고, 만물 가운
데 내재해 있는 그 이(理)는 모두 동일하며 그것을 '성
(性)'이라고 하였다. 결국 만물의 본성은 동일한 것이
다. 만물은 다 같이 음양의 기(氣)가 만물을 생성하는
기화 속에 있으니 어느 것도 천명(天命)이 아닌 것은 없
다. 하늘과 땅의 도(道)가 나타내고 드러내 보이는 그
사이에 명(命)이 존재한다. 성(性)이 하늘의 도(道)를 계
승하고 땅의 도(道)와 접하면, 이를 맞이하여 이어 나가
는 것이 겨울에서 봄으로 이어지는 것과 같고, 잠에서
깨어나는 것과 같고, 구름이 갑자기 피어올라 비가 퍼
붓는 것과 같고, 도랑이 트이자 물이 들이 닥치는 것과
같은데 이것이 이른바 하늘이 명한 성(性)이다.

성(性)이란 심(心)과 생(生)의 뜻을 따른 것이니 심(心)
에 갖추어진 것이요, 생(生)과 같은 족속이다. 기(氣)가
없으면 생명이 끊어지므로 성(性)은 생(生)을 따를 수
없고, 생(生)이 아니면 성(性)이 그치므로 선(善)이 붙을

수 없다. 따라서 진실로 천명(天命)의 본연(本然)을 궁구(窮究)하면 만물 중에 생(生)을 누리는 것은 선(善)하지 않은 것이 없다. 그러니 천명을 즐거이 여기고 그 천명을 순순히 따르면 물(物)과 내가 같지 않은 것이 없다는 것이다.

연암은 초가 불을 밝히는 것을 예로 들어 '성(性)'의 발현을 설명하였다. 초에는 군자의 도(道)가 네 가지 있는데 초가 곧게 형체를 지켜 나가며 심지를 세워 불을 밝히면서 천명을 완수하고 있다는 것이다. 이 네 가지 덕이 촛불을 밝게 하는 것이다. 초의 지향은 활활 타 나아갈 것을 생각하고 그 기개는 밝고 밝아 비출 것을 추구한다. 초가 심지를 세운다는 것은 불을 주관한다는 것이고 불이 붙은 후에야 세상을 밝히고 천명(天命)을 완수함으로써 그 성(性)을 아는 것이니, 성(性)이라는 것은 '그렇게 되게 한 원인'이다. 촛불이 타지 않으면 밝음은 있을 수 없다.

또한 사람에게 있어서 기(氣)는 도의(道義)와 짝을 이루어 길러야만 호연(浩然)해진다고 하였다. 사람에 대해 인(仁)을 합쳐서 말하면 그것이 곧 도(道)가 되는데 하늘과 사람은 근원적으로 하나이기 때문에 도(道)와 기(氣)는 분리되지 않아야 한다. 즉, 사람은 인(仁)을 행할 수 있어야 사람다운 사람이라고 했다. 또한 행하여 얻지 못한 것이 있거든 반성하여 자신에게서 원인을 찾는다면 제 몸이 올바르게 되며 천하 사람이 귀의(歸依)할 것이고, 제 몸을 반성하여 성실히 하면 이보다 더 큰 즐거움이 없을 것이며, 힘써 제 마음으로 남의 마음을 헤아려 행하면 인(仁)을 구하는 데 이보다 더 가까운 길이 없을 것이라고 했다.

이처럼 연암은 이(理)는 만물로부터 독립해서 존재할 수 있는 것이 아니고, 사람에게는 사람의 이(理)가 있고 물에는 물의 이(理)가 있는 것처럼 만물에 내재된 어떤 근본적인 경향성이라고 보았다. 그리하여 만물의 근원이 티끌이고 티끌에서 물, 불, 나무, 바람이 만들어지고, 벌레가 만들어지며, 사람 또한 벌레 중의 한 족속이니 결국 만물의 영장인 인간이 기본적으로는 먼지 덩어리에 불과하며(고미숙, 2007) 다른 물(物)과 다르지 않다는 것이다.

이에 연암은 인성과 물성을 구별할 수 없다는 '인물막변(人物莫變)'의 입장을 펼친다. 이렇듯 인(人)도 물(物)의 일종으로 본 연암은 인(人)과 물(物) 사이에 도덕적 우열은 두지 않고 단지 담당하는 기능과 역할의 차이만을 인정하였다. 연암은 인간이란 우주의 다른 만물보다 도덕적으로 뛰어나지 못할 뿐 아니라 그 기질도 결코 맑고 뛰어나지 못하다고 본다(권용진, 2003). 그런데도 인간은 자신을 으뜸으로 삼으면서 다른 동물들을 무자비하게 차별한다. 이런 상황을 연암은 범의 입을 빌려 단호하게 말한다.

무릇 천하에 이치는 하나뿐이다! 범의 본성이 나쁘다면 사람의 성품도 역시 나쁠 것이요, 사람의 성품이 착하다면 범의 성품도 역시 착할 것이다. …… 너희 인간들이 이치를 말하고 성을 논할 때 걸핏하면 하늘을 들먹거리지만 하늘의 소명으로 본다면 범이나 사람이나 다 같이 만물 중 하나이다. 천지가 만물을 낳는 인(人)의 관점에서 본다면 범이나 메뚜기나 누에나 벌이나 개미나 사람

이 모두 함께 같이 살기 마련이지 서로 해치고 지낼 터수
가 아니다(고미숙, 2007 재인용).

박종채의 『과정록』 역서 『나의 아버지 박지원』을 보
면 연암은 윤리적인 차원에서도 이런 태도를 실천하려
고 했다. 개는 주인을 따르는 동물인데 기르면 잡아먹
지 않을 수 없으니 처음부터 기르지 않는 게 낫다며 집
에서 개를 기르지 못하게 하였다. 한 번은 타던 말이
죽자 하인에게 묻어 주게 했는데, 하인들이 공모하여
말고기를 서로 나누어 가졌다. 그 사실을 안 연암은 살
과 뼈를 잘 수습하여 묻어 주게 한 다음 하인의 볼기를
치며, "사람과 짐승이 비록 차이가 있다고는 하나 이
말은 너와 함께 수고하지 않았느냐? 어찌 차마 그럴
수가 있느냐?"라며 내쫓았고, 그 하인은 문 밖에서 몇
달이나 대죄한 다음에야 비로소 집에 들어올 수가 있
었다고 한다.

또한 연암은 자신의 관점에서 남을 보지만 말고 남
의 관점에서 자신을 보도록 권고하였다. 왜냐하면 우

주 만물은 제각각 다른 것으로 대체될 수 없는 독자적인 기능을 담당하고 있고, 만물에게는 각각의 기능과 역할을 잘 감당해야 할 책임이 주어지며, 그 책임을 잘 감당하기 위해서는 이 공동체 속에서의 자신이 감당해야 할 독특한 기능이 무엇인지를 올바로 파악해야 한다고 보았기 때문이다. 따라서 연암은 "저 아닌 남이 되어 저를 보아야만 비로소 다른 물건과 다를 바 없음을 알 수 있을 것이다. 그 경지에 이르러서야 비로소 몸이 움직이는 곳마다 아무런 거리낌이 없을 것이다. 성인(聖人)은 이 방법을 지녔으므로 세상을 버리고도 아무런 고민이 없었으며 외로이 서 있어도 아무런 두려움이 없었던 것"이라고 하면서 다른 모든 존재와 자신과의 관련성을 올바로 파악하기 위해서는 자신의 입장에서 다른 존재를 볼 뿐 아니라 다른 존재의 입장에서 자신을 볼 수도 있어야 한다고 했다(권용진, 2003).

4. 연암의 교육관

연암의 교육관은 그의 세계관에 입각해서 설명이 가능하다. 연암은 이 세계를 만물이 동등하게 참여하는 삶의 공동체라고 보았듯이 인간 사회도 모든 인간이 동등하게 참여하는 하나의 삶의 공동체로 파악한다. 즉, 공동체적 삶을 이루는 인간 사이의 상자성(相資性)이라는 관점에 입각해서, 사·농·공·상을 귀천에 따른 계급적 구분이 아니라 역할과 기능에 따른 분업적 구분이라고 파악하였다. 따라서 각각에는 독자적인 임무가 있고 그 임무에 충실하는 것이 바로 덕(德)이라고 본다(권용진, 2003).

연암은 정덕(正德)의 실현을 교육의 궁극적 목표로 보고 정덕을 실현하기 위해서는 경세제민(經世濟民)이 이루어져야 한다고 하였다. 즉, 『연암집』 권1 〈홍범우익서(洪範羽翼序)〉를 통해 "이용이 있은 연후에라야 '후생'할 수 있고, 후생한 후에라야 '정덕'할 수 있다."라고 말하면서 농·공·상의 일들이 망치게 된 까

닭은 다름이 아니라 선비들의 실학(實學)이 없기 때문
이므로 선비가 할 일은 우선 학문을 통해 농·공·상
을 돕는 것이어야 한다고 하면서 선비는 농·공·상의
이법을 두루 배워서 이들을 총괄해야 한다고 말하고
있다(권용진, 2003).

연암은 양반은 조롱하면서도 농·공·상인은 높이
평가하였는데, 이는 농·공·상인은 자의였던 타의였
던, 세·명·리(勢·明·利)를 추구하는 일에는 관심 없
이 자신의 일을 천직으로 생각하고 그 일을 충실히 하
면서 사람들의 삶이 윤택해지는 데 기여하기 때문이라
고 했다.

연암은 교육받은 인간상으로 선비를 제시하는데, 연
암이 생각한 선비는 특정 사회계층으로서의 선비를 의
미하는 것이 아니라 학문을 하는 사람 모두를 의미하
며, 성리학(性理學)에 정통한 선비가 아니라 학문을 통
해 농·공·상을 돕는 실학적(實學的) 요소가 강조된
선비다. 즉, 참다운 선비는 삶의 의미를 세·명·리의
획득에 두지 않고 공동사회의 일원으로서 공동사회 속

에서의 자신의 직무를 올바르게 파악하고 실천함으로써 다른 사람을 돕는 것을 삶의 보람과 기쁨으로 삼는 사람이다. 그러므로 공동사회 속에서 선비가 해야 할 직무는 한편으로는 자기중심적인 지식에서 벗어나 하늘과 같은 공정한 입장에 서서 모든 일을 생각하고 판단하는 자기초월적 도덕성을 유지하도록 끊임없이 자기초월의 노력을 계속하는 일이요, 다른 한편으로는 인간이 몸담아 살아가고 있는 이 세계의 실제 현상과 이법에 대한 탐구를 통해 인간의 삶을 개선하고 향상시키는 데 기여하는 일로서, 이 두 가지 일을 동시에 자신의 임무로 삼고 노력해야 한다는 것이다. 즉, 연암이 기대한 교육은 개인을 도덕적인 인간으로 육성하고 동시에 사회에 유용한 만인에게 도움을 줄 수 있는 조화의 인간을 기르는 것이었다(권용진, 2003).

결국 연암의 교육내용은 아동에게 배움의 시초부터 배움과 삶의 의미를 올바로 깨달을 수 있도록 올바른 분별력을 가르쳐야 하는데, 만물의 상자성을 깨닫도록 하고, 나와는 다른 사람들의 입장과 관점들을 이해하고 나아가서는 그들의 입장과 관점에 입각해서 현상을 보고 평가할 줄 아는 인식방법을 익히는 것, 배움이란 세·명·리를 추구하기 위한 것이 아니라 인·물(人·物)의 삶을 향상시키기 위한 것임을 가르쳐 주어야 한다는 것이다. 다시 말하면, 입신출세의 길인 과거시험을 위한 유학을 공부하거나 공리공론적인 이념 추구에만 매달리기보다는 정덕 실현에 밑바탕이 되는 이용후생과 실사구시(實事求是)를 지향하는 실용(實用)·실증(實證)적인 학문을 가르칠 것을 강조하였다. 연암은 정치·경제·역사·지리·과학·교육 등을 실증적으로 연구함은 물론 과거 병폐적인 제도를 개혁하고 새로운 윤리관, 직업관 확립을 위하여 종래의 성리학적인 유학교육에 과학·역사·지리·기술 등과 같은 현대적인 학문을 첨가하여 폭넓은 지식을 널리 가르쳐야 한다고 생각하였다(이정란, 2005).

지금까지 연암의 생애 그리고 삶의 철학과 원리가 담긴 사상에서 살펴보았듯이 연암은 "이용이 있은 연후에라야 '후생' 할 수 있고, 후생한 후에라야 '정덕' 할 수 있다."라고 말하면서 공동사회의 일원으로서 자신의 직무를 올바르게 파악하고 실천함으로써 다른 사람들을 돕는 것을 삶의 보람과 기쁨으로 삼는 '참다운 선비'가 되어야 한다고 강조하고 스스로 '참다운 선비'가 되고자 했다. 그리하여 연암은 이용후생의 학문과 방법을 배운 후 그가 익히고 연구한 이용후생의 사상을 백성을 위해 실천하며 살기 위해 애쓴다. 또한 일상생활을 통해 참다운 선비의 모습으로 모범이 되며 많은 사람들의 변화와 성장에 도움이 되는 삶을 살아간다.

3

연암의 삶과
사상에 담긴 상담요소

연암의 삶과 사상 속에는 연암이 자녀, 친구, 백성을 대하는 다양한 방법이 담겨 있다. 이 방법 중에는 바람직한 삶의 원리는 물론 사람들을 변화시키기 위한 구체적인 원리와 전략이 들어 있다. 따라서 필자들은 그런 원리와 전략이 곳곳에 녹아 있는 박종채의 『과정록(過庭錄)』을 번역한 『나의 아버지 박지원』(박희병 역, 2009)을 중심으로 상담과 상담학에 도움을 줄 것이라고 여겨지는 요소들을 뽑아서 정리해 보았다.

1. 바람직한 삶의 원리

연암은 가식과 꾸밈이 없는 진솔한 모습을 잃지 않고 모범이 됨으로써 생활 세계 곳곳에서 사람들의 바람직한 변화를 돕는 상담자의 모습으로 부족함 없는 삶을 살았다. 이에 필자들은 연암이 어떤 삶의 원리를 지향하며 살아갔기에 상담자로서 부족함 없는 삶을 살아갈 수 있었는지 알아보고, 연암이 궁극적으로 지향하는 것을 현실 생활 속에서 실천하면서 사람들의 바람직한 변화를 이끌어 낼 수 있었던 삶의 원리를 몇 가지로 정리해 보았다.

1) 의리에 따라 살기

연암이 가장 참지 못한 일은 위선적인 무리와 상대하는 일이었다고 한다. 연암은 사람들이 권세와 이익만을 좇아 여기 붙었다 저기 붙었다 하는 세태를 미워했다. 그리하여 겉으로만 근엄하고 속은 그렇지 못한 자나 권력에 아첨하는 자를 보면 참지 못하였다고 한다.

손님들이 날마다 많이 찾아왔다. 매양 눈 오는 아침이나 비 오는 저녁이면 말을 나란히 탄 채 술병을 들고 찾아와 좀처럼 빈자리가 없었다. 아버지는 처음엔 글을 짓고 벗을 사귀는 일이 즐거워서 그러는 줄로만 알았는데, 얼마 지나지 않아 조정의 벼슬아치들이 서로 자기 당파로 아버지를 끌어들이려 한다는 것을 아시게 되었다. 아버지는 이를 몹시 불쾌하게 여기셨고, 이후 초연히 세상에서 벗어나려는 뜻을 품으셨다(박희병 역, 2009, p. 31).

연암에 따르면 '의리'는 인간의 도덕적 본성에 내재해 있는 것일 뿐만 아니라 누구나 얻을 수 있는 것이며, 누구나 그에 따라 삶을 영위할 수 있는 큰 도요, 길이다. 따라서 의리를 기준으로 살면 세상의 옳음과 그름, 정의와 사악함, 음과 양, 흑과 백은 구별하기 어렵지 않다. 그러나 우리가 그렇게 살지 못하는 까닭은 세속의 사사로운 이해에 빠져서 의리를 알지 못하게 되고 결국은 이익만을 좇아 타락하게 되기 때문이다. 그러므로 이익을 추구하지 말고 의리를 지키라고 강력하게 권고한다. 그리고 먼저 본을 보인다.

초시의 초종 양장에서 장원을 하였는데 임금님의 극진한 은혜를 입게 되매 그 명성이 더욱 높아졌다. 당시 시험을 주관하는 자들이 아버지를 반드시 회시에 합격시켜 자신의 공으로 삼으려 하자 이런 분위기에 영합하여 이익을 구하는 것을 경계하여 회시에서 답안지를 내지 않고 나왔다(박희병 역, 2009, p. 33).

무신년 섣달 도목정사 때 선공감 감역의 임기를 6일 남겨 놓고 이조의 서리가 아버지더러 임기가 다 끝나 이번 승진 대상에 해당하는 것으로 이조에 보고하라면서,

"날짜 수가 며칠 모자라긴 하나 관례상 조금 융통성이 있습지요."

라고 말했다. 그러나 아버지는,

"내가 평소에 한번도 구차한 짓을 한 적이 없다. 보고하지 마라."

고 하셨다. 당시 전관으로 있던 분 또한 아버지의 나이가 많은 것을 동정하여 아버지를 돕고자 했던 바, 그 서리와 생각이 똑같았다. 그러나 아버지는 그렇게 하려고 하지 않으셨다. 전관이 아버지의 말을 전해 듣고 탄복해 이렇게 말했다고 한다.

"날이 저물어 갈 길이 멀면 누군들 마음이 급하지 않겠

는가. 그럴건만 평소 자신의 삶의 원칙을 이토록 지키다
니!"

아버지는 다음 해 6월에야 비로소 승진하셨다(박희병
역, 2009, pp. 69-70).

위의 일화를 보면 세속의 사사로운 이해에 빠져서
의리를 알지 못하고 결국은 이익만을 좇아 타락함으로
써 마땅한 도리를 어지럽히는 일은 결코 용납할 수 없
다는 연암의 단호한 태도를 엿볼 수 있다.

따라서 의리를 중시하는 연암은 과거시험을 스스로
포기하였을 뿐만 아니라 자녀들에게도 "모름지기 수
양을 잘 해 마음이 넓고 뜻이 원대한 사람이 되고 과거
공부나 하는 째째한 선비가 되지 말았으면 한다."라고
당부한다. 이런 연암의 태도는 자녀들뿐만 아니라 주
변 사람들에게 모범이 되었고, 그들은 연암을 본받으
려 애쓰며 생활하였다.

2) 겉치레하지 않기

연암은 겉치레를 꾸미는 일과 자잘한 예법을 좋아하지 않았다. 그리하여 목민관으로 부임할 때마다 모든 겉치레를 없애도록 했다.

나는 번거롭게 꾸미는 걸 싫어한다. 행차할 때 벽제하는 일, 음식을 올리는 절차, 수령의 기거동작을 소리내어 알리는 일 등은 일체 없애도록 하며 모든 일을 간략하고 정숙하게 하도록 노력하라. 새 법령를 시행하고자 할 때 그 일로 혹 자기에게 책임이 돌아올까 염려되면 필시 전례가 그렇지 않음을 들어 미적거리는데, 만일 사사건건 전례만을 들먹인다면 고을 원은 두어서 무엇하겠느냐? 더구나 전례가 반드시 다 옳은 것도 아니지 않느냐? 그러니 앞으로는 전례를 들먹이지 않도록 하라(박희병 역, 2009, pp. 98-99).

겉치레와 자잘한 예법에 얽매여 번거롭게 하지 말고 간략하고 간소하게 처리하라는 것이다. 그렇다고 일을 대충 처리하라는 것이 아니다. 꼭 해야 할 일이라면 전

레에 얽매여 미적거리지 말고 고을 원으로서 책임지고
처리하라는 것이다. 그리하여 연암이 고을을 다스리는
동안에는 백성이 쓸데없이 동원되는 일도 없었고, 같
은 일을 반복하며 시간을 낭비하는 일이 없어 관아와
고을이 모두 한가하고 살림이 넉넉하여 즐겁게 생활할
수 있었다고 한다.

3) 자신의 직무를 올바르게 파악하고 철두철미하게
일처리하기

연암은 고을 원으로 있는 사람은 비록 내일 당장 그
만두고 떠날지라도 늘 100년 동안 있으면서 그 고을을
다스린다는 마음가짐을 가져야 한다고 이야기한다. 그
래야 백성을 안정시키고 정사를 펼 수 있다고 주장한
다. 여관에서 하룻밤 자는 정도로 간주하면 윗사람은
억지로 전례를 답습해 정사를 할 뿐이고, 아랫사람은
임시방편으로 적당히 넘어가려 한다는 것을 강조하며
일을 처리함에 잠시도 적당히 하는 법이 없었다.
연암이 안의현감에 부임했을 때 일이다.

환곡과 함께 뒤섞어 놓은 정리곡을 샅샅이 찾아내라고 명령하여 다시 키로 쌀을 까부르고 되질을 하게 한 다음, 특별히 창고 하나를 비워 그곳에 정리곡을 보관하게 하고 '정리곡고'라는 네 글자의 현판을 새겨 창고 문에다 걸었다. 뭇 아전들은 괜히 일을 만들어 볶는다고 여겼다. 그러나 정리곡을 잘 보관하고 있는지 조사하라는 어명으로부터 무사할 수 있었다(박희병 역, 2009, p. 135).

연암은 흉년이 들어 감영에 재해를 보고할 때도 피해 정도를 과장하거나 숨기는 폐단이 없게 했다. 그동안은 대부분이 피해 정도를 과장하거나 조금이라도 부풀려 보고하였다. 왜냐하면 감영에 재해를 보고하면 피해액을 삭감하는 게 관례라 사실대로 보고하여 감영에서 삭감 받게 되면 곤란을 겪었기 때문이었다. 그래서 과장하고 부풀려 보고한 후 넉넉하게 나오면 곡식을 훔치고 빼돌리고 환곡의 방출과 수납을 기록한 장부는 허위로 기재하곤 하였던 것이다. 그러나 연암은 그것은 장사치나 거간꾼이 값을 부풀려 속여 파는 술책이니 그런 일을 해서는 안 되는 일이라며 사실대로 감영에 보고하게 했던 것이다. 그리고 모자라면 차라리 자신의 봉록(俸祿)을 덜어 곡식을 장만하여 사사로이 백성을 구휼하였다.

연암은 사·농·공·상(士·農·工·商) 모두 각각의 독자적인 임무가 있고 그 임무를 올바르게 파악하여 충실해야 한다고 말한다. 특히, 선비는 학문을 통해 다른 사람을 돕는 것이 본연의 임무이고 그 임무에 충실해야 '참다운 선비'가 될 수 있다고 강조하며, 스스로 자신의 직무에 충실하며 철두철미하게 일을 처리하여 고을의 아전들과 백성이 본받고 따르도록 하였다.

4) 유머 감각 잃지 않기

연암은 스스로 자신의 별명을 '껄껄 선생'이라고 지어도 좋다고 할 정도로 평생 유머와 해학을 잃지 않고 살았으며, "내 성미가 본디 웃음을 참지 못하므로, 사흘 동안 허리가 시었다."라고 말할 정도로 삶 속에서 웃음을 잃지 않았다. 또한 「열하일기(熱河日記)」에서 '포복절도'라는 말을 즐겨 사용하듯 남을 포복절도하게 만들 뿐 아니라 사소한 일에도 그 자신 또한 기꺼이 포복절도한다(고미숙, 2007).

여행 중 한번은 새벽에 큰 비가 내려 시냇물이 불어서 건너기 어려운 상황이었다. 부사와 서장관 등 사행단의 수뇌들이 모여 큰물이 앞을 가로막아 물 건널 대책을 논하느라 의견이 분분하였다. 그때 연암이 느닷없이 "내게 배도 있고, 노도 있고, 상앗대도 갖추었으나 다만 한 가지가 없소." 하니, 주주부가 "그럼, 없는 게 무엇이요?" 하였다. 연암은 "그를 잘 저어갈 사공이 없소." 한즉, 모두 허리를 잡고 웃었다고 한다(고미숙, 2007). 위급한 상황이지만 웃음거리를 만들어 잠시나마 긴장을 풀고 근심을 덜어 놓게 하였던 것이다.

또 한번은 혹정 왕민호와 필담 중 밥상이 들어와 국자를 집어 들고 한 공기 밥을 떠 보려 하였으나 밑이 깊어서 먹을 수 없자 "빨리 월왕을 불러오세요." 하고는 웃었다. 함께 있던 학지정이 무슨 말인지 의아해하자, 연암이 "월왕의 생김새가 목이 썩 길고 입부리가 까마귀처럼 길었답디다." 하였다. 이에 지정은 혹정의 손목을 잡고 웃느라 입에 들었던 밥을 불어서 재채기를 수없이 할 정도였다고 한다. 연암의 익살이 들어나는 대목이다.

연암의 해학을 엿볼 수 있는 대목으로 『나의 아버지 박지원』에는 이런 기록도 있다.

양양부사를 그만두고 돌아오신 후 이웃에 사는 여러 분들과 자리를 함께 하셨을 때다. 그분들은 이전에 자기가 다스리던 고을 봉록의 많고 적음에 대해 서로 이야기하다가 아버지더러 양양은 어떻더냐고 물었다. 아버지는 농담으로 이렇게 대꾸하셨다.

"1만 2천 냥 받았소이다."

사람들은 깜짝 놀랐다.

"그게 정말이오?"

"그렇고말고요!"

그분들은 반신반의하며 어서 자세히 말해 보라고 성화였다. 아버지는 웃으며 이렇게 말씀하셨다.

"바다와 산의 빼어난 경치가 1만 냥 가치는 되고 녹봉이 2천 냥이니, 넉넉히 금강산 1만 2천 봉과 겨룰 만하지 않소!"

이 말에 좌중이 모두 크게 웃었다(박희병 역, 2009, p. 160).

이렇게 연암의 유머와 익살, 해학은 지인들과 어울릴 때에도, 제자들에게 가르침을 베풀 때에도, 연암의 작품 속에서도 그대로 드러난다. 연암이 남긴 작품들은 그야말로 풍자, 해학, 익살이 가득 차 있다. 이런 작품은 문풍이 예스럽지 못하고 세상을 어지럽힌다는 비판을 받기도 했지만 무능하고 타락한 양반의 허위의식을 신랄하게 비판하고 조롱하며 세상에 널리 알려졌다.

이런 아버지의 모습을 아들 박종채는 다음과 같이 기록하였다.

아버지는 일을 처리함에 큰 원칙이나 법도와 관련된 경우에는 한결같이 그 규정을 엄격히 지키셨으며 비록 윗사람이라 할지라도 시시비비를 분명히 하셨다. 그러나 그리 중요하지 않은 일인데도 혹 서로 의견이 일치하지 않거나 청탁이 많이 들어와 말하고 상대하는 데 힘은 들면서도, 일을 매듭짓기 어려운 경우에는 문득 우스갯소리를 하여 상황을 완화시킴으로써 분란을 풀곤 하셨다.

그래서 그때마다 일이 해결되지 않은 적이 없었으며, 사람들 또한 언짢게 여기지 않았다(박희병 역, 2009, p. 79).

또한 연암이 면천에 있을 때 작은 죄를 지어 면천으로 유배와 가끔 연암과 산보를 하기도 하고 담소를 나누던 지산 유화는 연암의 가르치는 방법을 이렇게 평했다.

연암 선생이 사람을 깨우치고 계발하여 주는 방법은 대개 우스갯소리에 있으니, 풍류가 넘치고 재기가 번득여 사람을 놀라게 한다. 만약 선생의 속뜻을 모르고 그저 우스갯소리로만 듣는 사람은 앞뒤가 꽉 막힌 사람이라고 할 만하다(박희병 역, 2009, p. 145).

연암의 유머 감각은 나중에 고을 원으로서 백성의 문제를 해결할 때 빛을 발한다. 그러면서 실제로 백성을 변화시키고 성장시키는 데 유머 감각을 다양하게 활용한다. 이 부분은 제3절 '인간변화의 구체적 전략'에서 다루도록 하겠다.

5) 선을 추구하기

연암이 생각하는 선은 사람이 태어날 때부터 원래 자기 몸에 갖추고 있는 이치이고 마땅히 해야 할 일이다. 따라서 사람들이 선을 행한다고 해도 신명이 일일이 복을 내려 주지는 않는다고 하였다. 왜냐하면 마땅히 해야 할 일을 한 것이기 때문이다. 그렇지만 악은 단 한 가지라도 행하면 반드시 재앙이 따르는데 이는 해서는 안 될 일을 한 것이기 때문이다. 그러므로 연암은 몸가짐이나 남을 대하는 일을 순리대로 하라고 당부한다. 화와 복은 그 결과로써 올 뿐이며 사람이 일을 할 때 화를 두려워하고 복에 유혹된다면 사사로운 뜻이 개재되고 미혹되어 일을 그르치게 된다고 강조하며, 사람은 모름지기 선을 추구함으로써 스스로 그 운명을 만들어 가야 한다고 이야기하고 있다. 그리고 선을 추구하며 사는 모습을 실생활에서 보여 줌으로써 다른 사람들도 선을 추구하며 살면서 바람직하게 성장할 수 있도록 먼저 모범이 되었다.

6) 다른 사람을 돕는 삶을 즐기기

연암은 학문과 목민의 목적이 인간 생활의 이용후생에 봉사하는 데 있다고 보고 일생을 다른 사람을 돕는 삶을 즐기며 살았다. 특히, 고을 원으로 있을 때에 "나는 오래지 않아 여길 떠나겠지만 이는 이 지방 백성을 위해서 하는 일이다."(박희병 역, 2009)라며 백성들이 걱정 없이 살 수 있도록 하는 데 애를 썼다.

면천군 남쪽에 '양제'라는 제방이 있었는데, 고을로 흘러드는 물을 가두어 모아두는 곳으로 그 물을 사용하는 농토가 매우 넓었다. 그래서 군민들을 동원해서 매년 둑을 손보았지만 장마를 겪으면 곧 허물어져 백성들이 피해를 보았다. 아버지는 부임하신 초기에 그곳에 가 이리저리 살펴보신 후 봇물이 터지는 원래의 수로를 막고 따로 제방 왼쪽의 바위가 많은 곳을 뚫어 물을 가두고 내보내는 수문으로 삼게 했다. 이후로 제방이 무너질 염려가 아주 없어졌는데, 백성들이 지금도 이 일을 칭송한다고 한다(박희병 역, 2009, p. 140).

면천군 동쪽 향교 앞에 버려진 연못이 있었다. 연암은 백성들을 모집해 연못을 준설하여 도랑물이 그 속으로 흘러들게 만들었다. 이에 물이 가득 고여 넘실거렸으며, 가뭄이 들어도 물이 줄지 않았다. −중략− 당시 연못 아래에 있는 백성들의 논밭이 수만 묘였는데, 모두 관개의 혜택을 입어서 매년 가뭄 걱정을 하지 않게 되었다(박희병 역, 2009, p. 142).

연암은 독서와 학문에도 세상에 소용이 되는 것과 그렇지 못한 것이 있다고 하면서 글도 다른 사람을 돕는 데 사용되지 못한다면 아무짝에도 쓸모없다고 주장한다.

남을 아프게 하지도 가렵게 하지도 못하고, 구절마다 범범하고 데면데면하여 우유부단하기만 하다면 이런 글을 대체 얻다 쓰겠는가?(박희병 역, 2009, p. 186)

또한 연암은 인재를 아끼는 마음도 지극하여 비록 미천한 신분의 인물이라 할지라도 뛰어난 재주가 있으면 아끼고 사랑하여 이끌어 주었으며, 자신을 따르는 사람은 끝까지 책임지고 재능과 기예를 참작하여 생계에 도움이 되는 한 가지씩의 방도를 가르쳐 줌으로써 스스로 살아갈 수 있는 방도를 마련토록 하였다. 그러나 연암이 도운 사람들은 권세를 가진 자가 아니다. 돕지 않으면 아까운 재주를 썩힐 수밖에 없고 자신의 뜻을 제대로 펴볼 수 없는 천한 사람과 힘없는 백성이었다. 이렇게 연암은 이들이 바람직하게 성장하도록 도울 수 있는 다양한 방법을 활용하며, '참다운 선비'로서 자신의 임무를 실천하는 것을 즐겼던 것이다.

7) 독서와 배움을 즐기기

연암은 "군자가 일생을 마치도록 하루도 그만두어서는 안 될 일은 독서하는 일이고, 선비는 하루라도 독서하지 않으면 모습이 바르지 않게 되며, 그 언어가 바르지 않으면 갈피를 잡지 못해 몸을 의지할 것이 없어지고, 두려워 마음 부칠 곳이 없어진다고 하였다. 또한 자제들이 오만 방탕하고 빈둥거리거나 제멋대로 못하는 짓이 없다 하더라도 그 곁에 독서하는 사람이 있으면 절로 멋쩍어서 책을 읽을 것이라고 하며 많을수록 더욱 유익하고 오래될수록 폐단이 없는 것은 오직 독서뿐이어서 천하의 사람들이 편안히 앉아 책을 읽을 수 있다면 그 천하는 아무 일이 없는 태평 세상이 될 것"(『연암집(燕巖集)』 권10 〈원사(原士)〉)이라고 이야기한다.

그러면서 연암은 "관아에서 공무를 보다가도 겨를이 생기면 늘 책을 챙겨 읽었으며 심지어 산보하러 갈 때에도 종자에게 책을 들고 따라오게 하여 목적지에 이르면 책을 받아 펼쳐 보곤 하였다. 그리하여 글을 구상할 때면 옛사람의 지나간 행적이나 선배들의 격언 가운데 눈앞의 정경에 어울리는 것들을 죄다 활용하여 이루 다함이 없었다."(『연암집』 권10 〈원사〉)라고 한다.

연암은 시간을 아껴 공부하는 습관이 몸에 배어 몸소 본을 보이며 생활하였고, 자녀들에게도 시간을 낭비하지 말고 공부를 열심히 하라며 편지를 보내 다그치면서 끊임없이 채찍질을 가했다.

나는 고을 일을 하는 틈틈이 한가로울 때면 수시로 글
을 짓거나 혹 법첩을 놓고 글씨를 쓰기도 하거늘 너희들
은 해가 다 가도록 무슨 일을 하느냐? 나는 4년간 『강목
(綱目)』을 골똘히 봤다. 두어 번 두루 읽었지만 연로하여
책을 덮으면 문득 잊어버리는지라 부득불 작은 초록 한
책을 만들지 않을 수 없었는데 그리 긴한 것은 아니다.
그렇지만 재주를 펴 보고 싶어 그만둘 수가 없었다. 너희
들이 하는 일 없이 날을 보내고 어영부영 해를 보내는 걸
생각하면 어찌 몹시 애석하지 않겠느냐? 한창 때 이러면
노년에는 장차 어쩌려고 그러느냐? 웃을 일이다. 웃을 일
이야(박희병 역, 2005, p. 26).

또한

내가 가장 좋아하는 일은 마음에 드는 글을 새로 창작
했을 때 한두 사람 뜻이 맞는 이들과 조금 술잔을 기울이
다가 글을 잘 읽는 의젓한 젊은이로 하여금 음절을 바로
하여 한번 낭낭하게 읽게 하고서는 누워서 글에 대한 평
이나 감상을 듣는 것이다(박희병 역, 2009, p. 115).

이렇듯 연암은 배움을 즐기고 있기는 하나 출세를 위해 공부하지는 않았다.

그러면서 자녀들에게도 제대로 공부를 하고 배움을 즐기되, 공부를 하여 과거에 합격해 출세하기를 바라지 말라며 출세욕을 경계하도록 한다.

또한 배움을 위해서는 "모르는 것이 있으면 길가는 사람을 붙들고라도 물어야 한다. 하인이라도 나보다 한 글자 더 알고 있다면 그에게 배울 것이다. 내가 남보다 못한 것을 부끄럽게 여기면서도 나보다 나은 사람에게 묻지 않는다면 그것은 일평생 고루하고 아무 방편도 없는 그런 속에 스스로 갇혀 버리고 마는 결과가 된다."(이정란, 2005 재인용)라며 적극적인 배움의 자세에 대해 이야기한다.

8) 혼자 머물지 말고 함께 어울리며 세상 경험 쌓기

연암은 늘 다른 사람과 함께 식사하는 것을 좋아하였으며, 만나면 며칠을 함께 지내며 시간 가는 줄 모르고 밤낮을 잊은 채 담소하면서 다른 사람의 생각과 비교하는 가운데 자신의 학문을 다듬어 갔다. 그리고 자녀들에게도 함께 어울리지 아니하며 혼자 공부하는 것을 경계하지 않으면 안 됨을 강조하였다.

젊은이들이 정공부(靜工夫)를 하느라 혼자 있는 것은 좋은 일이기는 하다. 그러나 고요히 혼자 있는 중에 사악하고 편벽된 기운이 끼여들기 쉬운 법이다. 신독(愼獨)의 공부가 남이 안 보는 곳에서도 도리에 어긋난 일을 하지 않는다면 참으로 좋은 일이지만, 그렇지 못하다면 남들과 함께 거처하며 악의 싹을 미연에 막는 게 낫느니라. 상고시대 사람들이 젊은이들로 하여금 학교에 모여 공부하게 한 뜻은 단지 공부에 서로 도움을 주고자 해서만이 아니었다(박희병 역, 2009, p. 225).

젊은이들이 고요한 곳에 깊이 거처하여 물욕에 접하지 않을 때에는 그 마음이 밝고 기운이 맑으므로 도리에 맞게 행동할 수 있다고 스스로 생각한다. 그러나 시끌벅적하고 복잡한 상황에 처하면 왕왕 까마득히 자기 자신을 잃어버린 채 잘못되거나 어긋난 행동을 하는 사람이 있다. 그러니 세상 경험이 없어서는 안 된다. 옛날 만석이라는 중은 10년 동안 참선했지만 끝내 한 여자의 유혹을

뿌리치지 못해 무너지고 말았으니, 이 또한 세상 경험이 없던 탓이다."(박희병 역, 2009, p. 226)

이렇듯 연암은 함께 어울리며 세상 경험을 쌓는 것이 공부를 완성하는 길임을 강조하였고, 그래야 공부가 세상에 소용이 되고 다른 사람을 변화시키고 성장시킬 수 있는 참 공부가 될 수 있다고 이야기하였다.

10) 청빈하기

연암은 평생 일정한 수입처가 없어 곤궁하게 지냈다. 그러나 자녀들에게 장차 벼슬하여 녹봉을 받는다 할지라도 넉넉하게 살 생각은 하지 말고 청빈하게 살라고 강조하며 집안에 전해 오는 옛 일들을 낱낱이 들어 훈계한다.

연암의 선조 문정공은 가난 속에서도 맑은 지조를 지켜 온 세상 사람에게 경외를 받았으니, 가난한 생활을 하면서도 참의로 태연자약하였으며, 반성공은 임금의 장인이라는 귀한 신분이었으나 집안은 썰렁하여 재물이 없었다. 국혼을 치를 적에는 안팎에서 재물로 도와주는 것이 옛날부터 내려오던 관례였으나 공은 홀로 한 물건도 받지 않고 검소하게 혼례를 치렀다. 또한 선조인 도헌공은 당시 바야흐로 벼슬에 진출해 명망이 있었으나 자신이 임금의 외척과 가까운 처지라 하여 더욱 겸손하고 검소하게 생활하였다. 그 외에도 가문의 청렴하고 욕심 없는 태도가 철저하여 평생 곤궁함을 겪어도 근면하고 검소하게 생활하는 자세를 잃지 않아 대대로 다른 사람들에게 부끄럽지 않은 삶을 살면서 존경받을 수 있었으며 '참다운 선비'로서 다른 사람을 돕는 삶이 가능했음을 이야기한다. 따라서 이런 사실을 자손들이 몰라서는 안 되고, 집안 수십 대에 걸쳐 이루어 온 청빈함과 검소함을 잃지 말고 살아가야 함이 마땅하다고 강조한다.

11) 효제하기

연암은 "효는 자식이 마땅히 행해야 할 일이지만, 그 본분을 충분히 다했다고 자부할 수 있는 사람은 아무도 없다. 그러므로 효자라는 칭송을 받는 것은 자식으로서 바랄 일이 아니다.”라고 말하며, “어버이의 똥을 맛보거나 자신의 손가락을 자르는 일은 효자의 작은 일에 불과하다.”(박희병 역, 2009)라고 말한다.

연암은 아버지가 돌아가신 후 형과 형수를 부모처럼 섬긴다. 형수 이공인은 몹시 가난하여 몸이 대단히 수척했으며 때로 우울함을 풀지 못하였다. 이에 연암은 한결같이 온화한 얼굴과 좋은 말로써 그 마음을 위로했고, 무언가를 얻으면 그것이 비록 아주 하찮은 것일지라도 자신의 방으로 가져가지 않고 반드시 형수께 공손히 바쳤다.

또한 형님이 돌아가신 후에는 연암골로 들어가 시냇가에 앉아 슬픔을 이기지 못해 시를 지어 애도하기도 하고, 누님을 잃고 누님의 상여를 실은 배를 떠나보내며 절절한 마음을 시로 지어 읊기도 하였는데 그 시를 보고 이덕무는 연암의 정이 진실되고 절절하여 사람으로 하여금 하염없이 눈물을 흘리게 한다고 표현하기도 했다.

연암은 또한 현숙한 아내와 평생을 함께하면서 그 지극한 행실에 감복했고 아내를 잃은 지 얼마 되지 않아 다시 맏며느리를 잃어 끼니를 챙겨 줄 사람이 없었지만 종신토록 첩을 두지 않았다. 그리고 아내를 잃은 후에도 아내의 죽음을 애도하는 시 스무 수를 지을 정도로 자신이 아끼던 사람을 향한 마음은 그 사람이 죽은 후에도 변함이 없었다.

연암의 효를 중요시하는 태도는 효를 행하는 사람이라면 없는 살림이라도 꼭 돕는 것에서도 잘 드러난다.

이공 홍유가 교외의 집으로부터 찾아오면 아버지는 그를 2, 3일 묵게 하면서 함께 시문에 대해 논하기도 하고 역대 선비들 사이의 공론에 대해 토론하기도 하셨다. 그리고 돌아갈 때면 반드시 무엇을 주어 보냈으니, 이는 이공이 효성이 지극해 남에게 쌀을 얻어다 어버이를 봉양했기 때문이다(박희병 역, 2009, p. 232).

한 번은 이런 일도 있었다.

언젠가 진지를 드실 때였다. 까마귀 두 마리가 뜨락의 나뭇가지에 앉아 있는 것을 보시고는

"너희들, 반포하러 왔느냐?"

라고 하시더니 몇 조각 고기를 섬돌 아래에 던져 주셨다. 그러자 과연 한 마리가 그 고기를 물고 가 반포하는 것이었다. 아버지는 슬픈 표정으로 그 광경을 그윽이 바라보셨다(박희병 역, 2009, p. 233).

이렇듯 효를 행하고자 한다면 그것이 미물일지라도 행할 수 있도록 도우면서 효제를 행하며 사는 것은 사람이 마땅히 해야 할 일이라고 강조하고 먼저 모범을 보였다.

이와 같이 연암의 바람직한 삶의 원리는 자신이 살아가는 삶의 지향점이 됨과 동시에 다른 사람에게 모범이 되어, 생활 세계 곳곳에서 사람들이 바람직하게 변하도록 돕는 상담자처럼 살아갈 수 있게 하였다.

2. 관계 형성의 원리

연암의 삶과 가르침을 살펴보면 상대방의 변화를 촉진하기 위한 전제 조건인 인간관계 형성의 다양한 원리가 숨어 있다. 상담은 만남을 통해서 이루어지기 때문에 상담자와 청담자가 어떤 관계를 형성하는가는 상담 효과에 지대한 영향을 미친다. 따라서 연암이 어떤 태도로 사람들을 대하고, 어떤 만남을 통해 관계를 형성하여 상대방을 변화시키고 성장할 수 있게 도왔는지 깊이 음미해 본다면 현대 상담에 적용할 수 있는 다양한 시사점을 얻을 수 있을 것이다.

이에 필자들은 상대방의 변화와 성장을 돕는 관계의 조건으로 연암이 지녔던 관계 형성의 원리를 찾아보았다.

1) 자기중심성의 탈피

권용진(2003)은 연암의 외부 세계 인식방법을 '비아법'이라 명명하고, 비아법은 '자기중심성의 탈피' 측

면과 '공감적 심정의 발휘' 측면으로 이루어져 있다고 했다. 또한 자기중심성의 탈피란 다른 존재와의 올바른 관계 정립을 위한 논리적 전제 조건이고, '공감적 심정의 발휘'란 상대방의 입장에 서기 위한 실제적 방법이라고 했다.

비아법 중 자기를 벗어나는 자기중심성의 탈피를 연암은 '저 아닌 남이 되어 저를 보아야만 비로소 다른 물건과 다를 바 없음을 알 수 있고, 그 경지에 이르러서야 비로소 몸이 움직이는 곳마다 아무런 거리낌이 없을 것'이라고 하며 다른 존재들과 자신과의 관련성을 올바로 파악하기 위해서는 다른 존재들의 입장에서 자신을 볼 수 있어야 한다고 이야기한다.

연암은 자기중심성의 탈피를 유학에서 강조하는 극기복례(克己復禮)의 핵심적인 내용으로 보고 다음과 같은 예로 설명하고 있다.

자네는 물건 찾는 사람을 보지 못했는가? 앞을 바라보면 뒤를 놓치고, 왼편을 돌아보면 바른편을 빠뜨리게 되지. 왜냐하면 방 한가운데 앉아 있어 제 몸과 물건이 서로 가리고, 제 눈과 공간이 너무 가까운 때문일세. 차라리 제 몸을 방 밖에 두고 들창에 구멍을 내고 엿보는 것이 나으니, 그렇게 하면 오로지 한쪽 눈만으로도 온 방 물건을 다 취해 볼 수 있네(이정란, 2005).

사실 방 가운데서 방을 보면 전체를 볼 수 있을 것 같으나 실제로는 전체를 보지 못한다. 차라리 방 밖으로 나와 창구멍을 통해 방 안을 본다면 작은 구멍과 한쪽 눈만으로도 전체를 볼 수 있다. 마찬가지로 사람도 자신을 제대로 바라보려면 자신을 극복해야 가능하다. 연암은 이것이 바로 극기이고 자신의 입장이 아닌 남의 입장에서 자신을 바라보아야 가능하다는 것이다. 이것이 '자기중심성의 탈피'다.

2) 공감적 심정의 발휘

'공감적 심정의 발휘'는 자신의 입장에서 사태를 바라보는 것이 아니라 상대방의 입장이 되어 보라(권용진,

2003)는 것이다. 이것은 자기중심성의 탈피라는 전제 조건을 만족시킨 상태에서 이루어져야 한다.

연암의 공감적 심정의 발휘는 중국 선비들과 달구경을 하다가 불쑥 꺼낸 다음의 예에서 그 단면을 엿볼 수 있다.

> 만약 달 속에 하나의 세계가 있다면 달에서도 지구를 바라보는 사람이 있어 지구 빛을 구경하고 있겠지. 월세계란 지구의 빛을 설명하기 위한 가정이며 땅을 바꿔서 처해 보자는 것으로 만일 달에서 지구를 바라본다면 지구에서 달을 보는 것과 마찬가지로 보름이니 그믐이니 하는 현상이 일어날 것이다(권용진, 2003 재인용).

즉, 그에게 있어서 공감적 심정의 발휘는 자신의 입장이 아닌 처지를 바꾸어 상대방의 입장이 되어 보는 역지사지인 것이다.

이런 공감적 심정의 발휘를 통해 연암은 그의 작품 〈호질(虎叱)〉에서 호랑이의 입장에서 인간을 꾸짖을 수 있었으며, 〈열녀함양박씨전(烈女咸陽朴氏傳)〉에서 과부의 수절은 당연한 것이고, 그들의 슬픔을 오히려 미덕으로 보던 시절에 물어볼 수도 없었고 스스로 경험해 볼 수도 없었던 연암이 그들의 처절한 심정을 감동적으로 묘사해 낼 수 있었을 것이다(이정란, 2005).

3) 진정성을 통한 신뢰 형성

연암은 일찍이 과거를 그만두어 마음이 한가로웠고 거리낌 없이 벗들과 더불어 산수 유람을 꽤 많이 했었다. 연암은 타고난 성품이 호방하고 고매하여 명예와 이익이 몸을 더럽힐까 봐 이를 극도로 경계하고 삼갔으나, 항상 남들과 함께 어울리는 것을 좋아하였고 늘 주위에 손님들이 끊이지 않았다. 그리하여 연암은 젊은 시절에 많은 친구와 어울리며 여러 가지 에피소드를 만들어 냈다. 이 에피소드들에는 친구를 사귀는 소중한 원리들이 있다. 친구 관계는 기본적으로 신뢰가 바탕이 되어야 하는데 이 신뢰를 쌓아 가려면 무엇보다도 서로에게 진정되고 솔직한 태도를 보이는 게 좋다.

참봉 이광려는 문장이 빼어나고 인품이 훌륭한 선비
다. 아버지께서 평계에 거처하실 때다. 하루는 지계공과
함께 인근 거리를 지나다가 어느 집 사립문 안에 조그만
수레가 있는 것을 발견하셨는데 수레를 만든 솜씨가 자
못 정교하여 다가가서 살펴보고 있었다. 그때 그 집 주인
이 마루에서 내려와 웃으며 맞이하면서,

"그대는 혹 박연암 아니시오? 나는 이광려외다."
라고 했다. 대청에 올라 자리에 앉자마자 두 분은 문장에
대해 토론하였다. 아버지는 이공에게 이렇게 물었다.

"그대는 평생 독서하셨는데 아는 글자가 몇 자나 되지
요?"

그 자리에 있던 사람들이 모두 깜짝 놀라며 마음속으
로 비웃었다.

'이공이 글을 잘하고 박식한 선비라는 걸 누가 모른단
말인가!'

이공은 한참 생각하더니 말했다.

"겨우 서른 자 남짓 아는 것 같군요."

좌중의 사람들이 또 한번 깜짝 놀랐지만, 그 말이 무슨
뜻인지는 알지 못했다. 이공은 이 한마디 말로 단박에 아
버지와 지기가 되어 이후 자주 찾아왔다. 그리고 새로 지
은 시문이 있으면 반드시 소매에 넣어 가지고 와서 아버

지의 평을 청하였다. 또 아버지가 찾아가면 매번 손을 깨끗이 씻은 다음 그 철에 나는 과일을 상에 차려 대접하며, "이는 귀한 손님을 대접하는 예법이지요."라고 하였다. 두 분은 하루 종일 담소하고 변론해도 당론이 다른 점에 대해서는 한마디도 언급하지 않았다(박희병 역, 2009, pp. 41-42).

연암은 어떤 글자가 가리키는 대상의 생생한 움직임과 그 미묘한 내적 본질을 꿰뚫어 볼 때 비로소 그 글자를 아는 것이라고 생각했다. 그러나 이는 결코 쉬운 일이 아니며, 대상에 대한 창조적·예술적 인식이 수반될 때에만 가능한 일이다. 연암은 사물과 문자와 인식주체 간의 이러한 긴장과 통일을 대단히 중시하는 입장이었으므로, 단순히 한자의 음과 훈을 아는 것만으로는 그 글자를 진정으로 아는 것이라고 할 수 없다고 여겼다. 그래서 평생 독서를 해 박식한 선비라고 소문난 이광려가 진정 글자를 아는지 마음속으로부터 궁금증이 일어났던 것이다. 그래서 처음 만났다고 상대방에게 잘 보이기 위하여 억지로 표현을 조정하지 않고 내면에서 일어나는 의구심을 그대로 표현함으로써 겉과 속의 일치성을 보였던 것이다. 이광려는 처음에는 연암의 직선적인 태도에 다소 당황은 했겠지만 금방 진정성을 지닌 신뢰할 만한 사람이라고 느낄 수 있었고 바로 자신을 탐색할 수 있었던 것이다. 연암은 이렇게 신뢰를 바탕으로 형성된 인간관계를 평생 유지하였다. 그리하여 연암의 주위에는 늘 손님이 끊이지 않았고 어느 위치에 있어서도 항상 지인을 극진히 아끼며, 진심으로 관심과 흥미를 갖고 상대방의 변화와 성장을 도우며 사는 모습을 보였던 것이다.

연암이 친구를 대하는 태도는 『나의 아버지 박지원』 여기저기서 엿볼 수 있다. 그중 몇 가지만 소개하고자 한다.

담헌 홍대용은 연암보다 여섯 살 위였으며 학식이 바르고 깊었다. 또한 과거 공부를 그만두었으며, 조용히 수양하며 지냈다. 홍대용과 연암은 도의(道義)의 사귐을 맺어 우정이 돈독하였다. 하지만 공경하는 말과 호

칭을 사용함은 처음 사귈 때와 똑같았다고 한다. 악률에 밝은 홍대용과는 평생지기였으며 함께 집에서 생황과 거문고 등 여러 악기를 연주하는 것을 즐기기도 하였는데 홍대용이 죽은 후에는 지기를 잃은 슬픔 때문에 다시는 음악을 듣지 않았다. 홍대용이 죽은 지 5년 뒤 우연히 홍대용 집에 들렀는데 집으로 돌아온 후 슬픔을 견디지 못하고 그 악기들을 모두 다른 사람에게 주어버렸다고 한다.

또한 이덕무가 죽었을 때에도 몹시 애통해하며 "무관이 죽다니! 꼭 나를 잃은 것 같구나."라고 하며 평소 아끼던 제자를 잃은 자신의 크나큰 슬픔에 탄식하기도 하였다.

유언호 또한 연암과 우정이 아주 깊었다. 그리하여 난처한 일이 있을 때마다 연암을 찾아와 의논하곤 했다. 연암의 의론이 준엄하고 과격해 권세가의 비위를 거스르는 내용이 많다고 깊이 주의를 주기도 하였지만 연암이 홍국영을 피해 연암골로 들어가자 유언호는 개성유수로 자처해 부임한 후 개성 읍내에 세들어

살만한 집을 마련해 주는 등 물심양면으로 돕는다. 후에 개성유수를 그만두고 그곳을 떠나면서 연암을 더 이상 도울 수 없는 처지에 처하자 연암골로 다시 들어가는 연암의 생계 유지를 위해 관에서 민간에 빚을 놓던 칙수전 1천 냥을 연암에게 주게 하고 자신이 그 돈을 갚기로 약속한다. 그러나 유공이 떠난 뒤에 몇몇 연암을 따르는 사람들이 각출하여 그 돈을 갚고 훗날 연암이 연암골을 떠날 때에야 비로소 그 이야기를 한다. 그 후 연암은 그 마음을 잊지 않고 있다가 안의현감으로 부임해 가자마자 첫 해의 녹봉을 떼어 그 돈을 모두 갚는다.

이렇듯 연암이 친구를 아끼는 마음은 친구가 연암을 아끼는 마음으로 이어진다. 그리하여 친구들은 연암이 곤경에 처할 때마다 물심양면으로 도와준다.

4) 서로의 차이를 인정, 다른 사람의 의견 존중하기

연암은 친구를 사귐에 있어서 연배를 뛰어넘어 선배에까지 미쳤으며 사람을 대하여 담소할 적에 언제나 격의 없이 말하였다. 담헌 홍대용을 비롯한 몇몇 친구와는 한번 만나면 며칠을 함께 지내며, 시간 가는 줄 모르고 밤낮을 잊은 채 담소하였다. 때로 서로의 주장에 차이가 보일 때에는 차이를 있는 그대로 인정하고 존중하는 자세를 취했으며 상대방의 주장을 무시하거나 억지를 써서 자기의 주장을 관철하려 하지 않았다.

아버지께서 강가의 정자에 계실 때다. 아버지의 삼종 형이신 좌원과 우원 형제분들 및 이공 양회가 자리를 함께하셨다. 이분들은 모두 소론을 주장하는 집안이었지만 아버지와 정분이 퍽 두터웠다. 그런데 담소 중에 당론과 관계되는 말이 나와 주장이 서로 어긋나자 아버지는 정색을 하며,
"그럼 오늘 한번 옳고 그름을 따져 봅시다."
라고 하시더니 노론과 소론이 갈라지게 된 원인에서부터 신임사화의 본말에 이르기까지 낱낱이 따지면서 소론측이 간사한 마음으로 요리조리 음모와 술책을 부린 일을 명확히 지적하셨다. -중략- 이에 세 분은 모두 껄껄 웃고 자리에서 일어났다(박희병 역, 2009, p. 241)

이 토론은 사흘 밤낮 동안 이루어졌다. 그러나 이렇게 치열하게 논쟁을 벌였음에도 불구하고 이들의 우정이 조금도 깨지지 않고 지속되었다. 이것은 아마 서로의 주장에서 나타나는 차이를 있는 그대로 인정하고 존중하는 자세를 취했기 때문일 것이다. 만일, 한쪽에서 다른 쪽의 주장을 무시하거나 억지를 써서 자기 주장을 관철하려고 했다면 이들의 우정이 지속되기는 어려웠을 것이다(박성희, 2008).

또 이런 예도 있다. 연암의 처남 지계공 이재성의 글은 연암의 글과는 성격이 다르다. 하지만 연암은 그가 문장을 논하는 데 빼어난 안목을 갖고 있어 옛사람들이 글을 쓸 때 고심한 곳을 잘 알아본다는 사실을 인정하며 글이 한 편 완성될 때마다 반드시 지계공에 보이며 자신을 위해 비평을 해 달라고 했다. 그러면서 자신의 글을 제대로 논하고 마음을 이해할 줄 아는 지계공과 반평생을 한 집에 거처하며 친구처럼 격려하고 형제처럼 다정하게 지냈다고 한다. 이렇게 서로의 차이를 인정하고 다른 사람의 의견을 존중할 줄 아는 자세 때문에 의견 차이가 있어도 다툼으로 이어지지 않고 서로에게 도움을 주고받으며 반평생을 함께할 수 있었던 것이다.

3. 인간 변화를 위한 구체적 전략

연암은 형벌과 포상으로써 정치를 하는 것은 결국 한계가 있다고 했다. 이는 매질과 회초리로는 사람들이 저지르는 악행을 억제하기에 부족하기 때문이므로 다양한 방법을 통해 자녀 교육, 친구의 문제 해결, 목민관으로서 수많은 병폐와 부조리를 해결하고 백성의 삶에 도움이 되는 일을 하였다. 연암이 문제 해결 및 도움 행동을 할 때 사용했던 방법 중 상담자가 사용할 수 있는 방법으로 몇 가지를 찾아 그 특징을 알아보았다.

1) 감동법

연암이 목민관으로서 수많은 병폐와 부조리를 해결

하는 데 사용한 방법이 바로 감동법이다. 감동법이란 마음을 사로잡아 문제를 해결하는 방법으로, 먼저 행동으로 모범을 보임으로써 상대방이 스스로 변화와 성장하려는 마음과 자세를 갖게 하는 것이다. 연암은 백성을 다스릴 때 아랫사람에게 매를 때리는 것을 좋아하지 않았으며 정성스런 마음으로 훈계하거나 스스로 본을 보이고 기회를 줌으로써 아랫사람이 마음으로 감동하여 따를 수 있도록 하는 방법을 택했다. 부득이 곤장을 쳐야 할 경우에는 곤장질이 끝난 후 반드시 사람을 보내 그 맞은 곳을 주물러 멍을 풀어 주게 했다.

한번은 억울한 사정을 가진 살인사건의 한 용의자가 오랫동안 홀로 옥에 갇혀 있었던 적이 있었다. 연암은 그가 초췌한 모습으로 추위에 떨며 굶주리는 것을 불쌍히 여겨 목에 씌운 칼과 발에 채운 차꼬를 풀어 주어 간수 방에서 지내게 했다. 그는 감동하여 도망할 생각을 하지 않았다고 한다. 후에 연암이 정확히 다시 심사하여 자신의 억울한 사정을 잘 해결해 주리라 믿었던 것이다.

안의현감으로 부임했을 때의 일이다. 안의현은 비록 조그만 산골마을이었지만 환곡과 향곡 및 호조의 저치미가 총 9만여 휘나 되었다. 그러나 아전들이 부정과 농간을 부려 포흠이 날로 늘어났다. 연암은 새로 부임하여 창고를 점검해 본 후 아전들을 닦달해 곤궁에 몰아넣어서 될 일이 아니라고 판단하고, 아전들이 스스로 죄를 실토하게 한 후 정상을 참작해 용서를 해 주되 잘못한 것에 대한 것은 반드시 원래대로 돌려놓게 하기 위한 방법을 강구하였다. 그리하여 아전들을 불러모아 지은 죄의 대가를 얼마나 크게 치러야 할지를 알리며 가장 중요한 것은 급하지도 느리지도 않게 일을 수습하는 것이고, 일이란 크고 작고를 가릴 것 없이 3년이면 성과를 거둘 수 있는 법이라고 말하며, 가장 포흠이 많으면서도 갚을 힘이 제일 없고 달리 친척도 없는 자 서너 명을 가려내어 즉석에서 수입이 조금 넉넉한 직책을 맡겨 조금이라도 소득이 생기면 포흠을 갚게 하였다. 이에 아전들은 이 기회를 놓쳐서는 안 된다고 생각하며 꾸어 주기도 하고 갚는 것을 도와주기도 하여 조금이라도 생기는 것은 모두 관의 창고에 들여놓았다. 이렇게 한 결과 2년 반 만에 창고가 꽉 찼다. 한 사람도 매질하거나 옥에 가두지 않고 일을 해결한 것이다.

또한 이런 일도 있었다.

양양은 바닷가 후미진 고을이었으므로 곡식 장부가 그리 많지 않았다. 게다가 아전들이 곡식을 훔치고 빼돌리는 탓에 관가의 창고에는 곡식이 한 톨도 남아 있지 않았다. 환곡의 방출과 수납을 기록한 장부는 전부 허위였다. 고을 원이 아전들에게 포흠을 갚으라고 하면 아전들은 그때마다 달아나겠다고 위협했다. 아버지는 마침내 공무를 일체 돌보지 않고 조그만 방에 거처하시면서 이렇게 말씀하셨다.

"아전들이 빼돌린 곡식을 도로 회수하지 못한다면 한 고을을 다스리는 수령으로 자처할 수 없다."

얼마 후 아버지는 당신의 녹봉을 떼어내 아전들에게 주며 이렇게 말씀하였다.

"직무를 수행하지 않으면서 녹봉을 받는다는 것은 부끄러운 일이다. 너희들이 각자 따로 포흠을 갚고자 한다면 끝내 갚지 못할 것이다. 하지만 누가 많이 내고 누가 적게 내는가를 따지지 말고 힘을 모은다면 티끌 모아 태산이 될 것이다. 내가 낸 이것을 그 시작으로 삼았으면 한다.”

이에 아전들이 모여 서로 의논하였다.

“원님이 포흠을 갚는다는 말은 일찍이 들어본 적이 없다. 이러고도 우리가 포흠을 갚지 않는다면 원님을 뵐 면목이 없다.”

마침내 아전들은 갖고 있던 물건을 팔아 포흠을 갚아 나갔다. 고을의 부유한 백성들도 혹 자신의 재물을 덜어 도와주었다. 그러자 몇 달이 채 안 되어 관가의 곡식 창고가 모두 채워지게 되었다. 아버지는 그제서야 동헌에 나와 공무를 보셨다(박희병 역, 2009, pp. 155-156).

이렇게 아랫사람이 마음으로 감동하여 스스로 변화하도록 돕는 방법을 통해 문제를 해결하였던 것이다.

2) 설득법

연암은 소송을 심리하거나 옥사를 처리할 때 언성을 높이거나 성을 내는 일이 드물었다. 깨우쳐야 할 일이 생겼을 때는 상대방의 수준에 맞추어 알기 쉽고 자상하게 설명하고 타일러 깨우치는 방법으로 상대방이 마음을 돌릴 때까지 끈질기게 물고 늘어져 마음을 움직이게 함으로써 상대방이 스스로 바람직하게 변하고 성장하려는 의지를 갖고 실천할 수 있도록 도왔다.

아버지는 누가 사학을 믿는다는 보고를 받으면 즉시 적발하여 관아의 종으로 붙들어 두고 매일 밤 업무를 파한 후 한두 명을 불러다가 반복해서 깨우치셨다. 반드시 부모의 천륜과 은혜가 중하다는 것부터 말하여 그들이 믿는 사교가 천륜을 거역하고 윤리를 거스르는 까닭을 밝히면서 알아듣도록 자상하게 설명하셨다. 말씀하시는 내용은 많을 경우 10여 조목이나 되었다. 그리하여 그들이 후회하고 자책하는 것을 본 후에야 비로소 풀어 주셨다. 이렇게 하자 자신이 간직하고 있던 천주교 관련 책자나 예수의 초상을 스스로 갖고 와서 바친 자가 전후 30여 명이나 되었는데, 모두 마을에서 행세하며 사교를 전파하던 자들이었다. 아버지는 이들을 흩어서 여기저기 다니며 그 무리를 깨우치게 하셨다. 그리고 그들이 바친 책자와 초상은 반드시 장날 백성들이 모일 때 아버지께서 친히 성의 남쪽 문루에 올라가 백성들에게 유시한 후 불 태우셨다(박희병 역, 2009, p. 132).

연암도 처음 부임하였을 때는 천주교를 믿는 사람을 적발하면 중죄인을 다스리는 곤장으로 호되게 내리치게 하였다. 그러나 곤장을 맞는 자들은 마치 목석처럼 눈썹도 까딱하지 않았다. 그리하여 타일러 깨우치는 방법을 쓰기 시작하였다. 처음에는 귀담아들으려 하지 않아도 깨우쳐 말하기를 그치지 않았고, 마음이 격동되어 조금 입을 열기 시작하면 그 말의 실마리를 좇아 묻고 타이르고 이끌고 설명하기를 반복하며 백성이 깨달을 때까지 자상하게 설명하는 방법을 택한 것이다. 그러면 단꿈을 꾸다가 갑자기 깨어나듯 순간 깨달아 뉘우치면 눈물을 줄줄 흘리지 않은 이가 없었다고 한다. 연암은 이런 모습을 보고서야 깊이 뉘우친다고 생각하였으며 비로소 그들이 자신의 잘못을 분명히 깨달았다고 믿었다.

형벌이 혹독해도 굳게 견뎌 꿈쩍도 않던 자도 이렇

게 타이르고 깨우치면 깊이 뉘우쳐 눈물을 흘리며 바른 데로 돌아갈 수 있었다. 연암은 형벌을 이용하는 것은 한계가 있고 얻는 것이 있더라도 일시적이며 잃는 것이 더 많다는 것을 알고 타일러 깨우치며 설득하는 방법을 썼던 것이다.

3) 호통을 통한 적극적 개입

연암은 격의 없이 사람을 대해 사귐이 연배를 뛰어넘어 선배에까지 미쳤으며 아랫사람과도 깊게 교유하였다. 그러나 예의에 벗어난 행동을 하면 적극적으로 개입하여 크게 꾸짖었다. 그런 연암의 개입은 자신의 화를 풀거나 터무니없이 화를 낸 것이 아니며, 상대방의 성장에 초점이 맞추어져 있기 때문에 상대방이 불만을 갖지 않았고, 오히려 자신을 돌아보며 잘못됨을 깨달아 고치게 하였다. 비록 친구일지라도 예의를 어기고 함부로 행할 때에는 직접 볼기짝을 때리며 거칠고 경솔함을 나무라기도 하였다.

박천군수를 지낸 백동수는 아버지와 동갑인데 힘이 몹시 세고 매우 날랬으며 담력과 지략이 있었다. 예를 갖춰 아버지를 섬기기를 마치 비장이 장수를 섬기 듯하여, 어려운 일이든 쉬운 일이든 궂은일이든 좋은 일이든 조금도 수고를 아끼지 않았다. 하루는 어디서 잔뜩 취해갖고 와 아버지 앞에서 술주정을 했다. 아버지는

"자네 소행이 무례하니 볼기를 맞아야겠다."

고 말씀하시더니 판자때기로 볼기짝을 열 대를 쳐서 그 거칠고 경솔함을 나무랐다. 백 군은 처음에 장난으로 그러시는 줄 여겼는데 나중에 그것이 꾸지람인 줄 알게 되었다. 이 일이 있고 나서부터 백 군은 감히 다시는 술을 마신 채 아버지를 뵙지 않았으며 사람들에게

"내가 언젠가 연암공의 책망을 들은 적이 있소이다."

라고 말했다 한다(박희병 역, 2009, p. 240)

또한 이런 일도 있었다.

하루는 아버지께서 여러 사람과 함께 필운대에 올라 봄 경치를 구경하셨다. 그 무렵 이재함이라는 자가 그곳에서 거짓 미친 척하며 좌중을 매도하여 공경과 귀인 치

고 그 자에게 봉욕을 당하지 않은 사람이 없을 정도였다.
그러나 아버지는 그 자를 아직 본 적이 없었다. 이날 그
자는 바야흐로 종이를 펴놓고 먹을 갈아 꽃을 바라보며
시를 읊조리고 있었다. 곁에는 술병 서넛이 눈에 띄었다.
아버지는 무심코 그 앞을 지나갔다. 그러자 그 자는 큰소
리로 "미중!" 하며 아버지의 자를 부르더니, 커다란 놋쇠
사발에다 술을 가득 따라 아버지께 권하며 말했다.

"지금 세상에 남자다운 사람은 너밖에 없다!"

아버지는 단숨에 들이킨 후 술잔을 던지고 일어서며
그 자를 크게 꾸짖었다.

"예끼! 이 어린 놈아. 어른이 지나가는데 예의를 차리
지는 못할망정 함부로 자를 부르며 농담을 한단 말이냐!"

마침 아버지 일행 가운데 먼저 올라온 몇몇 분이 그 자
에게 붙들려 자리에 앉아 있었는데, 아버지께서 일어서
시는 걸 보자 따라 일어서며 말했다.

"자네가 아니었더라면 우리들은 필시 욕을 보았을 게
야."

아버지께서 그 자가 누구냐고 물으니, 바로 이재함이
라는 것이었다. 재함은 훗날 사람들에게 이렇게 말했다
고 한다.

"내가 접때 필운대에서 박연암을 만난 적이 있지. 정말

무섭더군(박희병 역, 2009, p. 242).”

이렇게 아랫사람이 예의에 벗어난 행동을 하면 그 자리에서 쩌렁쩌렁한 목소리로 호통을 치기도 하였을 뿐만 아니라, 아전들이 잘못된 태도를 보이면 크게 나무라기도 하였다.

면천에 부임할 때 부임길이 고을 남문을 경유하게 되어 있었는데 아전들은 쭉 있어 온 일이라며 새로 부임하는 사또가 남문을 경유하면 빨리 해임되는 액운이 있으니 우회하여 다른 문으로 들어가라며 사또의 국량을 시험해 보았다. 부임하는 사또마다 굴복해 길을 우회했었으나 연암은 굴복하지 않고 의연한 태도를 보이며 크게 꾸짖고는 끝내 남문으로 들어갔다고 한다.

4) 다양한 이야깃거리를 통한 가르침

연암은 자신의 주장을 펴거나 가르침을 줄 때 밋밋하게 그냥 하지 않았다. 중국의 고사, 적절한 사물의 비유, 집안의 내력, 인물평 등 다양한 이야깃거리를 끌어들여 흥미 있게 전개하였다. 연암의 다양한 이야깃거리를 통한 가르침은 상대방의 흥미를 유도할 수 있고 상황에 따라 적절하게 활용하였기 때문에 상대방의 성장과 변화를 이끄는 데 다양하게 활용할 수 있었다. 『연암집』에 실린 산문의 대부분이 이런 방법을 통해 가르침을 주고 있지만 필자들은 몇 가지만 간략하게 소개하고자 한다.

한번은 연암이 자신을 사슴에 비유한 것을 듣고 아무개가 자신을 말꼬리에 붙은 파리에 비유하며 스스로를 하찮게 여기는 편지를 보내자 연암은 답장을 통해 '당신의 생각이 잘못되었으니 고치시오.' 하며 훈계를 하지 않고 자신의 경험에 비추어 사유한 적이 있던 '개미, 파리, 사슴, 코끼리의 크기' 에 비유해 아무개의 잘못된 생각을 지적했다.

우연히 거칠고 못난 성질을 이야기하다가 제 자신을 사슴에 비의한 것은 사람이 가까이 다가가면 잘 놀란다는 의미이지 감히 제 자신이 크다는 의미는 아닙니다. 지금 그대의 편지에서 그대 스스로를 말꼬리에 붙은 파리에 비유하고 계시니 어째 이렇게 자신을 하찮게 여기십니까? 만약 그대가 작게 되기를 바란다면 파리도 오히려 크지요. 개미가 있지 않습니까?

제가 일찍이 약산에 올라가서 밑의 고을을 굽어본 적이 있는데 사람들의 모습이 마치 개미와 같아서 휙 불기만 해도 다 날아갈 듯싶었습니다. 그러나 반대로 고을 사람더러 저를 바라보라고 한다면 머리의 이가 머리카락을 따라 기어오르는 것과 뭐가 다르겠습니까? -중략-

사슴이 과연 파리보다야 크다고 하겠지만 코끼리가 있지 않습니까? 파리가 사슴보다 작다고 하겠지만 개미와 비교한다면 사슴과 코끼리의 관계와 같습니다. -중략-

만일 좀 더 넓은 안목을 가진 사람이 있어 다시 백 리쯤 멀리 떨어진 곳에서 바라보게 하더라도 아물아물하고 가물가물해서 아무것도 보이지 않을 것입니다. 어디서 소위 사슴이니 파리니 개미니 코끼리니 하고 분간해 낼 수 있겠습니까?(김혈조 역, 2004, pp. 23-24)

또한 여러 인물을 등장시키는 방법을 이용하기도 했

는데, 연암은 작은 기예라고 하더라도 모든 것을 잊고 한 가지에 미쳐야만 이룰 수 있는데, 하물며 세상의 큰 이치를 이루려고 하는 데에는 말할 필요조차 없다고 하며, 조선 초기부터 후기까지 실존했던 명필, 화가, 명창을 예로 들어 자기를 온전히 잊는 몰입 없이 이룰 수 있는 일이란 아무것도 없다는 가르침을 주기도 했다.

최흥효(崔興孝)는 전국적인 명필이다. 일찍이 과거시험을 보러 가서 답지를 쓰다가 그중의 한 글자가 꼭 왕희지의 글씨와 같게 되자 종일토록 들여다보고 앉았다가 차마 그 글자를 버릴 수 없어 답지를 품 안에 품고 돌아왔다. 이쯤 되면 과거 합격에 대한 득실은 전혀 마음속에 두지 않은 사람이라 말할 수 있으리라(김혈조 역, 2004, pp. 58-59).

이징(李澄)이 어릴 때 다락에 올라가서 그림을 익히고 있었는데 집에서는 그를 사흘 동안이나 찾아다니다가 겨우 발견하였다. 아버지가 화가 나서 볼기를 쳤더니 그는 울면서 떨어지는 눈물을 찍어서 새를 그리고 있었다. 이쯤 되면 그림 이외에는 영욕을 잊은 사람이라 말할 수 있으리라(김혈조 역, 2004, pp. 58-59).

학산수(鶴山守)는 전국적인 명창이다. 입산하여 노래를
익힐 적에 한 곡조를 마치고는 나막신 속에 모래 한 알씩
넣어서 모래가 가득 차서야 집으로 돌아왔다. 일찍이 도
적을 만나서 장차 죽게 되었는데 바람결에 가락을 맞추
어 노래를 불렀더니 도적 떼들이 모두 심회가 울적해져
서 눈물을 흘리지 않는 자가 없었다. 이 정도 되면 생사
쯤이야 전연 마음속에 두지 않는 사람이라 말할 수 있으
리라(김혈조 역, 2004, pp. 58-59).

이 이야기를 하며 이 사람들은 기예를 위해서 자신
의 생명도 바쳐야 할 것으로 알고 있는 것이고 이것은
바로 '아침나절에 도를 들으면 저녁 때 죽어도 좋다.'
고 했던 공자의 말과 같은 경지라고 했다.

또한 연암은 학문하는 길에는 특별한 방법이 없으
며, 모르는 것이 있으면 길가의 모르는 사람을 붙잡고
서라도 물어보고, 부리는 종복이라 하더라도 나보다
한 글자라도 많이 알고 있으면 배워야 마땅하다고 하
였다. 자신이 남보다 못함을 부끄러워하면서도 자신보
다 나은 사람에게 묻지 않는다면 이는 종신토록 고루

하고 재주 없는 곳에 스스로를 폐쇄시키는 것임을 중국고사를 이용해 이야기하기도 한다.

옛날 순(舜)임금은 농사짓고, 질그릇 굽고, 물고기 잡는 일에서부터 임금 노릇 하기에 이르기까지 남이 잘하는 것을 본받지 않은 것이 없었다. 공자가, "내가 젊은 시절 미천하였기에 상일을 잘하는 것이 많았다."고 말한 것을 보면 그 일이라는 것 역시 농사짓고, 질그릇 굽고, 물고기 잡는 일 따위였을 것이다.

비록 순임금과 공자같이 거룩하고 재주 많은 분으로서도 실제 사물에 나아가 기능을 창안하고, 일에 맞닥뜨려서 기구를 만들자면 시간도 부족하고 지혜도 막히는 바가 있었을 것이다. 그러므로 순임금과 공자가 성인이 된 까닭도 남에게 잘 묻고 잘 배운 것에 지나지 않는다(김혈조 역, 2004, p. 117).

때로는 우리나라의 선현들을 통해 가르침을 주기도 하였다.

연암은 조헌, 이이, 송시열을 평하면서 독서와 학문

이 자기를 수양함과 동시에 나라를 다스리고 백성을 구제하는 데 쓰여야 함을 강조한다.

　　독서와 학문에는 세상에 소용이 되는 것과 그렇지 못한 것이 있다. 우리나라의 선현들 중 조중봉이 쓴 「동환봉사(東還封事)」 같은 글은 오로지 정사(政事)에만 관심을 쏟았다. 그는 도끼를 가지고 대궐 문밖에 엎드려 실정을 비판하는 극렬한 상소문을 올렸다가 귀양을 가게 되었는데 유배지인 함경도 길주까지 걸어서 갔다. 그 후 조중봉은 임진왜란이 일어나자 의병을 일으켜 싸우다가 순절하였다. 그의 역량과 기백은 큰 일을 맡을 만했지만, 성공과 실패라든가 이익과 손해 따위는 결코 따지지 않고 오직 자기가 해야 할 일만을 힘써 해 나갔을 뿐이다.
　　율곡이나 우암과 같은 선현들 역시 그 독서와 학문에 체(體)와 용(用)이 있었다. 그러므로 세상일을 경륜함에 다들 지극히 주도면밀했으니, 어찌 종일토록 성명(性命)의 이치만을 논했겠는가?(박희병 역, 2009, pp. 204-205)

　　또한 연암은 젊은 시절 친구였던 창애 유한준의 편지에 답으로 '자신의 본분으로 돌아가라.'는 가르침을 주기 위해 화담 서경덕에 얽힌 유명한 에피소드를 인용하기도 한다.

본분으로 돌아가 이를 지키는 것이 어찌 문장에 관한 일뿐이리오. 일체 오만 가지 것이 모두 다 그러하다오. 화담(서경덕)이 밖에 나갔다가 제집을 잃어버리고 길가에서 우는 자를 만나서

"너는 어찌 우느냐?"

했더니, 대답이 "저는 다섯 살 적에 소경이 되었는데, 그런 지 지금 20년이나 되었습니다. 오늘 아침나절에 밖으로 나왔다가 갑자기 천지 만물을 환하게 볼 수 있게 되었습니다. 기뻐서 집으로 돌아가려는데, 밭둑에 갈림길이 많고 대문들이 서로 같아서 제집을 구분할 도리가 없습니다. 그래서 울고 있습니다."

하기에, 선생이

"내가 너에게 돌아갈 방도를 가르쳐 주마. 네 눈을 도로 감으면 바로 네 집이 나올 것이다."

했습니다.

이에 소경이 눈을 감고 지팡이로 더듬으며 발길 가는 대로 걸어가니 서슴없이 제집을 오게 되었더라오. 눈 뜬

소경이 길을 잃은 것은 다름이 아니라 색상이 뒤바뀌고 희비의 감정이 작용했기 때문입니다. 이것을 바로 망상이라 하는 거지요. 지팡이로 더듬고 발길 가는 대로 걸어가는 것이 바로 우리들이 분수를 지키는 이치요, 제 집으로 돌아가는 증인(證印)이 되는 것이오(신호열, 김명호 역, 2007, pp. 377-378).

연암이 중국고사의 인용과 더불어 가장 많이 사용한 방법이 조상들의 이야기, 즉 집안 내력을 들어 이야기하며 자녀들에게 가르침을 주는 방법이었다.

"너희들이 장차 벼슬하여 녹봉을 받는다 할지라도 넉넉하게 살 생각은 하지 말아라. 우리 집안은 대대로 청빈하였으니, 청빈이 곧 본분이니라."
그리고는 집안에 전해오는 옛 일들을 다음과 같이 낱낱이 들어 말씀해주셨다.
－중략(여러 선조 이야기)－
무릇 이런 사실들은 모두 자손들이 몰라서는 안 될 일이다. 우리 집안은 수십 대에 걸쳐 청빈함과 검소함이 이와 같았으니 이는 원래 타고난 것이다. 내 비록 너희들이 따뜻한 옷을 입고 배부르기를 바라지만 부귀와 안일을 추구해서는 안 된다. 다만, 바라는 건 사대부 집안으로서 글 읽는 사람이 끊어지지 않았으면 하는 것뿐이다(박희병 역, 2009, pp. 210-218).

이와 같이 연암은 방대한 독서를 통해 얻은 다양한 이야깃거리를 흥미 있게 전개함으로써 구체적이고 가슴 깊게 녹아드는 가르침을 주었던 것이다.

5) 풍류와 재기가 넘치는 유머와 우스갯소리

제1절 '바람직한 삶의 원리' 중 '유머 감각 잃지 않기'에서 다루었던 대로 연암은 평생 유머와 해학을 잃지 않고 살았다. 연암의 유머 감각이 빛을 발하는 것은 백성의 문제를 해결할 때였다. 연암의 이런 태도는 형벌로 다스리지 않아도 상대방을 깨우칠 수 있었고 스스로 잘못을 고치도록 유도함으로써 바람직하게 성장하도록 도울 수 있었던 것이다.

연암은 합리적이고 창의적인 문제해결, 풍류와 재기

가 넘치는 우스갯소리로 사람을 깨우치고 계발해 주었
다. 『나의 아버지 박지원』에서 연암이 유머와 우스갯
소리로 문제를 해결했던 모습을 여러 대목에서 엿볼
수 있다. 그중 두 가지만 소개하고자 한다.

　한 평민이 늘 사람을 때리고 욕설을 퍼부으며 술과 음
식을 빼앗기를 밥 먹듯이 하였다. 매일 싸움질을 했으며,
어쩌다 관아에 끌려와 벌을 받으면 더욱 심하게 성깔을
부려 사람들은 모두 그를 두려워하고 피하면서 상대하려
들지 않았다.
　하루는 아전 하나가 숨을 헐떡이며 엉금엉금 기면서 관
아에 들어왔는데 그는 아무개가 그 몽둥이로 때려죽이려
한다며 손에 커다란 몽둥이를 쥐고 있었다. 연암은 웃으
며 각수장이를 불러다가 몽둥이에다 글을 새기도록 했다.
　오호라, 이 큰 몽둥이
　그 누가 만들었나?
　아무개가 만들었지.
　주정과 행패
　너에게서 나왔으니
　너에게로 돌아가야지.

이 이치는 피할 길 없으니
상해죄로 다스릴 일.
이 몽둥이 걸어두세
저 마을문 곁에다가
회개하지 않는다면
함께 이 몽둥이로 때려 주세
사또가 그걸 허락함을
이 글로 증명한다.

이 말을 전해 들은 아무개는 더 이상 야료를 부리지 못했다고 한다(박희병 역, 2009, pp. 96-97).

안의 읍내에는 본래 좀도둑이 많았다. 하루는 내아에 도둑이 들었다. 연암이 급히 분부하기를 군기고의 마름쇠를 가져오고 대장장이로 하여금 마름쇠를 많이 만들어 들여보내게 했다.

마름쇠가 도착하자 집안 사람들은 그것을 담장 밑에 쭉 깔자고 했으나 연암은

"꼭 깔 것까지는 없다. 도둑에게 들으라고 한 말이니까."

라고 말했다. 이로부터 관아 부근에는 좀도둑이 싹 사라

졌으며 이런 일은 종종 우스개로 전해지고 있다(박희병 역, 2009, p. 97).

6) 상대방의 수준에 맞추어 성장하도록 돕기

연암이 사용한 인간 변화의 구체적 전략 중 마지막은 상대방의 수준에 맞추어 성장을 돕는 모습을 많이 보였다는 것이다. 연암은 인재를 아끼는 마음이 지극하였다. 그래서 비록 미천한 계급의 인물이라 할지라도 뛰어난 재주가 있으면 반드시 아끼고 사랑하여 이끌어 주었다고 한다.

이기득이라는 이가 있었는데 그 신분이 중인이었다. 나이는 열두엇밖에 안됐지만 차분한데다 이해력이 깊었다. 아버지는 그를 몹시 사랑하여 사서를 가르쳤다. -중략- 그가 기력이 약하고 융통성이 없음을 병통으로 여겨 먼저 산학을 공부하게 하며,

"복잡하게 뒤얽혀 변화하는 게 산학의 이치니, 산학을 공부하면 너의 꽉막힌 병통을 고칠 수 있을 게다."

라고 하셨다. 기득은 산학을 공부한 지 1년도 채 못 되어

통달하여 모르는 게 없었다. −중략− 그 후 아버지께서
연암골에 들어가시자 기득은 말고삐를 잡고 따라 들어가
온갖 고생을 함께하며 궂은 일을 마다하지 않았다(박희병
역, 2009, p. 239).

이런 연암의 도움은 그 사람을 성장시킬 뿐만 아니라
도움을 받은 사람과 그 식솔까지 은혜를 평생 잊지 못
하고 결초보은하는 자세를 갖게 하였다. 나중에 기득
은 손수 『소학감주(小學紺株)』라는 책까지 베껴 써 남길
정도가 되었고 그의 처 오 씨는 연암이 죽자 상복은 입
지 않되 상제와 같은 마음으로 근신하며 3년상을 지내
는 심상을 지내게 해 달라고 간청할 정도였다고 한다.
또한 연암은 아무 일도 않으며 놀고 있는 청지기들
에게 아무 일도 않는다면 배고픔을 견디지 못할 것이
고 그렇게 되면 사람으로서 염치를 지키기 어려워진다
고 말하며 그 재능과 기예를 참작하여 생계에 도움이
되는 한 가지씩의 방도를 가르쳐 주곤 하였다.

아버지가 안의현감으로 계실 때다. 청지기 아무개로 하여금 기름 먹인 두꺼운 종이에다 만자(卍字)의 초전을 새기게 했는데, 흡사 비단 옷에 박힌 꽃 문양 같았다. 거기에 안료와 양잿물 등을 먹여 무명배에 대고 눌러 찍어 염색을 했는데, 시전에서 베에다 꽃무늬 물을 들이는 법과 같았다. 혹은 나무에다 그 문양을 새겨 베에 찍어서 이불이나 요, 휘장 따위를 만들어 생활하게 하였다.

그 후 용호영의 금군이 입는 갑옷이 다 해져 다시 만들어야 하는 일이 생겼다. 비단으로 만들어야 했지만 경비가 너무 많이 들었다. 이에 모두 이 방법으로 옷을 만들었는데, 비록 무명옷이기는 하나 그 문양과 색깔이 수놓은 비단옷과 아무 차이가 없었고 질기기는 더 했다. 정말 온전하면서도 비용은 저렴하다 할 만했다.

이 밖에 혼인할 때 입는 옷 역시 이 방법으로 많이 만들어, 그 청지기는 마침내 많은 이익을 얻게 되었다(박희병 역, 2009, p. 259).

한번은 이런 일도 있었다. 술만 마시면 주정을 부리며 몹시 무례하게 구는 종 하나를 동헌 앞의 작은 방에 잡아 넣어 매일 짚신 몇 켤레씩을 삼게 하였다. 만일 그렇게 하지 않으면 벌을 내렸다. 그런 지 달포가 지나 그를 놓아 주었는데 그 하인은 언제 그랬냐는 듯 행실을 고쳐 건실한 사람이 되었으며 미친 듯이 날뛰는 버릇이 싹 사라졌다. 이는 그자가 오래 떠돌아다녀 마음을 붙들어 매지 못해 그런 것으로 여기고 짚신 삼는 일에 마음을 붙여 자연스레 마음이 단속되기를 바라서 그랬던 것이다.

또한 연암골에서 농사짓던 농노 가운데 안의까지 온 이가 있었는데, 그가 지금은 고기를 먹으며 편하게 지내나 훗날 혹 본분을 지키지 못할까 봐 걱정이라고 하며 논을 경작하게 한다. 그리고 후에 연암이 안의현을 떠날 때 그 농노로 하여금 그 땅을 경작해 먹고 살게 한다.

이렇듯 연암은 재능과 기예를 참작하고 상대방의 수준에 맞추어 사람답게 살 수 있는 방도를 강구해 주며 성장할 수 있도록 도울 뿐만 아니라, 자신을 따르는 사람의 먼 미래까지 내다보고 홀로서기가 가능할 때까지 끝까지 책임졌다.

지금까지 연암의 삶과 사상 속에 숨어 있는 바람직한 삶의 원리, 관계 형성의 원리, 인간 변화의 구체적 전략을 살펴보았다. 이것들은 아직도 우리의 의식세계를 지배하며 생활에서 묻어나는 조상들의 소중한 가르침이다. 따라서 상담자가 지녀야 할 바람직한 태도와 관계 형성 원리 그리고 청담자를 변화시키기 위해 사용할 수 있는 구체적 전략 등 한국 문화 속에서 현대를 살아가는 한국인에게 가장 잘 들어맞는 한국적 현대 상담 지식으로 발전시킬 만한 가치가 있는 상담 요소로 부족함이 없다고 생각한다.

연암에게 배우는
상담자의 자질

연암은 상대방을 변화시키기 이전에 스스로 삶의 원칙을 바로 세우고 평생 그 삶의 원칙에서 벗어나지 않는 모습을 보였다. 때로는 그것으로 인해 사람들의 비방에 시달리기도 했지만 연암은 조금도 흔들리는 모습을 보이지 않았다. 이런 삶의 태도가 바탕이 되었기 때문에 자녀들뿐만 아니라 친구, 선배, 백성에게 활용한 연암의 인간 변화의 원리와 전략이 효과를 발휘할 수 있었다.

현대 상담에서도 상담자가 모범이 되어야 하는 것은 당연하다. 특히, 자녀, 제자, 주변 사람들의 인격성장

및 자아실현을 돕는 성장 상담에서는 상담자가 삶의 원칙을 지키며 모범을 보이는 모습이 그 무엇보다 우선되어야 한다. 그렇기 때문에 청담자를 변화시키는 참다운 상담자가 되려면 3장에서 연암의 바람직한 삶의 원리로 추출된 '의리에 따라 살기' '겉치레하지 않기' '자신의 직무를 올바르게 파악하고 철두철미하게 일처리하기' '유머 감각 잃지 않기' '선을 추구하기' '다른 사람을 돕는 삶을 즐기기' '독서와 배움을 즐기기' '혼자 머물지 말고 함께 어울리며 세상 경험 쌓기' '청빈하기' '효제하기' 등을 먼저 배우는 자세가 필요하리라 본다. 필자들은 연암으로부터 추출한 바람직한 삶의 원리를 바탕으로 하여 상담자가 갖추어야 할 자질을 몇 가지 제시해 보고자 한다.

1. 삶의 원칙을 세우고 실천하기

연암은 자녀들에게 평생 의리에 따라 살기를 삶의

원칙으로 삼고 살아가라고 강조하였다. 또한 청빈하게 살고 효제하며, 선을 추구하며 살고 다른 사람을 돕는 삶을 즐기라고 하였다. 그러면서 먼저 자신이 세운 삶의 원칙을 실천하며 모범이 되는 삶을 살았다. 연암이 불의를 용납하지 않고 권세와 이익을 좇지 않으며, 자녀들에게도 째째한 선비가 되지 말라고 가르친 것은 상담자가 갖추어야 할 인품 중 하나인 삶의 원칙을 세우고 실천하는 모습이다.

삶의 원칙을 그럴 듯하게 정해 놓기는 쉽다. 그러나 상담자가 삶의 원칙을 그럴 듯하게 정해 놓기만 하고 일상생활에서 항상 지키려고 애쓰는 모습을 보이기는 쉽지 않다. 상담자는 그렇지 않으면서 청담자에게는 삶의 원칙을 세우고 실천하면서 살라고 하는 것은 마치 '나는 바담풍이라 해도 너희는 바람풍이라고 해라.' 하고 억지를 쓰는 것과 같다. 아무리 바람풍이라고 가르쳐도 상담자가 바담풍이라고 하면 청담자는 바담풍이라고 할 수밖에 없고, 그것은 결국 상담자를 우습게 여길 가능성도 있다. 그렇게 되면 상담자의 가르침은 허공 속의 외침이 되어 청담자가 바람직한 삶을 살아가도록 도울 수 없다. 그러나 상담자가 적절한 삶의 원칙을 세우고 지키며 실천하는 모습을 보인다면 청담자가 의식하든지 의식하지 않든지 그것은 삶의 지침이 될 것이며, 그것을 실천하려고 애쓰며 살 것이다.

상담자는 청담자가 문제를 해결하며 성장하도록 도와야 한다. 청담자가 상담자를 어떤 존재로 생각하는가는 상담자가 청담자를 변화시키는 데에 매우 큰 영향력을 행사한다. 상담자의 모습이 삶의 원칙을 세우고 실천하며 살아가고 있음을 확인할 때 청담자는 상담자에게 깊은 신뢰감을 갖게 될 것이다. 아울러 그런 모습은 상담자를 모범 삼아 변화와 성장에 힘을 쏟게 하는 원동력이 될 것이다. 따라서 상담자는 청담자가 믿고 따르며 바람직하게 성장하려고 애쓸 수 있도록 삶의 원칙을 세우고 실천하는 모습을 갖추는 것이 중요하다.

2. 에너지를 집중시켜 일처리하기

연암은 고을 원으로 부임했을 때 일을 처리함에 잠시도 적당히 하는 법이 없었다. 시행해야 할 일이라면 전례에 얽매여 미적거리지 않고 책임지고 처리하였다. 특히, 선비는 학문을 통해 다른 사람을 돕는 것이 본연의 임무이고, 그 임무에 충실해야 '참다운 선비'가 될 수 있다고 강조하며, 백성의 어려움을 덜어 주기 위해 몹시 마음을 쓰며 여러 가지 방법을 강구하여 도와주었다. 이에 수많은 미해결 소송 거리와 고을의 당면 문제를 해결하여, 백성의 억울함을 풀어 주기도 하고 고을을 안정시키기 위해 최선을 다했다. 또한 아전들이 잘못하는 일이 있으면 대충 넘어가지 않고 시시비비를 분명히 하여 바로 잡았다. 따라서 연암이 고을을 다스리는 동안에는 백성이 편안하게 살 수 있었으며, 일을 대충 처리하며 눈속임하려는 아전들이 없었다.

자신이 해야 할 일을 올바르게 파악하고 최선을 다해 처리해야 하는 것은 예나 지금이나 아무리 강조해도 지나치지 않다. 따라서 상담자는 언제 어느 상황이든 대충 처리하고 넘어가려고 해서는 안 된다. 해야 할 일이라면 싫어하거나 게으름을 피우지 말고, 에너지를 집중시켜 최선을 다해야 한다. 다시 말해서 연암처럼 청담자의 문제를 해결해 주기 위해 에너지를 쏟으며 여러 가지 방법을 강구하여 상담과정에 임해야 한다. 그래야 청담자도 문제를 바르게 인식하고 해결하기 위해, 적극적인 자세로 임하며 성장하기 위해 노력할 것이다.

3. 평생 공부하기

연암은 공부란 별다른 게 아니라 한 가지 일을 하더라도 분명하게 하고, 집을 한 채 짓더라도 제대로 지으며, 그릇을 하나 만들더라도 규모 있게 만들고, 물건을 하나 감식하더라도 식견을 갖추는 것이 모두 공부라고 했다. 즉, 어떤 일을 하기 전 그 일을 완성하기 위해 꼼꼼히 따져 보고 계산하여 제대로 하는 것이 바로 공부라는 것이다. 공부는 책상 앞에 앉아 책을 읽고 글을 쓰는 것만이 아니다.

만약 부모님이 직접 편안하고 안락한 집을 짓기 위해 설계부터 시작하여 좋은 자재를 구하고 본격적인 작업에 착수하여 조경과 마무리까지 꼼꼼히 계산해서 집을 짓는다면 이것이 바로 공부하는 모습이다. 식당을 운영하는 부모가 제대로 된 찌개 국물 맛을 내기 위해 끓이고 버리기를 반복하며 맛의 비법을 찾아내는 모습, 수업의 질을 높이기 위해 교재 연구를 하며 책을 펼쳐 보는 교사의 모습, 자녀에게 삶의 지혜를 주기 위해 열심히 책을 보는 부모의 모습 등 어느 위치에서든 자신의 일에 최선을 다하며 끊임없이 연구하고 방법을 찾아가는 모습이 바로 공부하는 모습이다. 그러나 열심히 하는 모습을 보이는 것만으로는 부족하다. 열심히 하는 것에서 진일보하여 일의 완성도를 높여야 한다. 따라서 자신의 일의 전문성을 확보하기 위해 배우고 익혀야 한다.

상담자의 임무가 청담자들이 바람직하게 변하고 성장하도록 돕는 것이라면 그 임무를 제대로 수행하기 위해 항상 공부해야 한다. 참된 선비로서 연암은 평생 공부를 게을리하지 않았다. 연암이 생각하는 참된 선비의 모습이 학문을 통해 다른 사람을 돕는 것이기 때문에, 다른 사람을 제대로 돕기 위해 공부를 하였던 것이다. 그리고 그 공부를 통해 얻은 지혜를 그대로 남을 돕는 데 활용했던 것이다.

그렇다면 연암이 추천하는 가장 좋은 공부는 무엇일까? 연암은 군자가 일생을 바쳐 하루도 그만두어서는 안 될 일은 독서하는 일이고, 선비는 하루라도 독서하지 않으면 모습이 바르지 않게 된다고 하였다. 이렇듯 독서는 바른 모습으로 몸과 마음을 붙잡아야 하는 상담자에게 꼭 필요한 공부이고 예나 지금이나 변함없이 강조되고 있는 좋은 공부임이 분명하다. 상담자는 독서를 통해 자신을 수양할 수 있을 뿐만 아니라 '책 속에 길이 있다.'는 말처럼 청담자를 도울 수 있는 많은 방법도 배울 수 있을 것이다.

또한 상담자가 독서하는 모습은 그대로 전해져서 그 자체로도 청담자에게 도움이 된다. 연암은 자제들이 오만 방탕하고 빈둥거리거나 제멋대로 못하는 짓이 없다 하더라도 그 곁에 독서하는 사람이 있으면 절로 멋쩍어서 책을 읽을 것이라고 하였다.

따라서 상담자는 평생 공부를 하며 청담자를 도울 방법을 찾아야 하고 청담자에게 모범을 보이기 위해 공부해야 한다. 상담자가 청담자를 바람직하게 성장하도록 돕기 위해 열심히 공부하는 모습을 보인다면, 청담자는 상담자를 신뢰할 것이고, 상담자가 도움을 주기 위해 안내하는 대로 믿고 따르며, 성장하기 위해 노력할 것이기 때문이다.

4. 함께 어울리며 하나되기

연암은 항상 다른 사람과 어울리기를 좋아했다. 그들 속에 머물면서 대화하고 토론함으로써 상대방이 성장할 수 있게 도왔으며, 다양한 방법으로 가르침을 주고 변화시켰다. 항상 청담자와 함께 어울리며 그들 속에 머무르기를 즐겼기 때문에 연암은 그들에게 적합한 도움 방법을 찾을 수 있었고, 다양한 방법으로 그들이 성장하도록 도울 수 있었던 것이다.

만약 연암이 신분의 차이 때문에 서얼 친구나 백성과 함께 어울리는 것을 좋아하지 않았다면, 중인 이기득이 나이는 어리지만 차분하고 이해력이 깊은 것을 알지 못해 사서를 가르치지도 않았을 것이고, 그의 융통성을 키우기 위해 산학을 가르쳐 성장시키지도 못했을 것이다. 또한 연암골에서 청지기들의 재능과 기예를 참작하여 생계에 도움이 되는 한 가지씩의 방도를 가르쳐 주지도 않았을 것이다. 연암은 신분의 고하를 막론하고 항상 남들 속에 머물며 하나가 됨으로써 그들이 바람직하게 성장하도록 도울 수 있는 적절한 방법을 찾을 수 있었던 것이다.

상담자가 생활 세계 곳곳에서 청담자가 성장하도록 돕는 사람이라면 상담자는 당연히 청담자 안에 머물러야 한다. 상담이 이루어지는 어느 곳에서든 상담자는 청담자와 생각, 느낌, 감정을 교환하고 공유하여 충분한 라포(rapport)가 형성되도록 하여야 한다. 그래야 청담자가 호소하는 문제가 무엇인지 파악하고, 청담자가 바람직하게 성장할 수 있도록 도울 수 있을 것이다.

5. 유머 감각 키우기

연암은 자신을 '껄껄 선생' 이라고 불러도 좋다고 하며, 스스로 웃음을 참지 못해 사흘 동안 허리가 시었다고 할 정도로 삶 속에서 웃음과 해학을 잃지 않았다. 특히, 연암은 위급한 상황에서도 웃음을 잃지 않고 끊임없이 웃음거리를 만들어 냄으로써 사람들의 긴장을 풀어 주기도 하고, 의견이 일치하지 않거나 일을 매듭 짓기 어려운 경우에도 우스갯소리로 상황을 완화시킴으로써 분란을 풀곤 하였다.

상담자가 청담자와 만난 자리에서 재미있는 농담을

잘 구사하면 서먹서먹한 느낌이 금방 사라져 친해지기 쉽고, 상담 관계를 수월하게 형성할 수 있을 것이다. 유머는 서먹서먹한 관계를 순조롭게 풀어 가게 하는 윤활유 구실을 하기 때문이다.

상담자는 당연히 유머를 즐기고 웃음으로 청담자에게 활력과 생기를 불어넣을 줄도 알아야 한다. 상담자의 그런 역할은 상담 관계를 쉽게 형성하게 할 뿐만 아니라 청담자가 긍정적인 자세를 갖고 자신의 문제를 탐색하고 해결하며 성장하도록 도울 수 있기 때문이다.

세계 각국의 재미있는 에피소드와 자신이 써 왔던 코미디 작품 등을 모아 『유머사전』(문학마을, 1997)을 펴낸 바 있는 코미디 작가 최성호 씨는 "재담을 곁들이는 재주가 하루아침에 생기는 것은 아니다. 틈틈이 책과 자료를 통해 유머 소재를 찾고 메모해 두는 습관을 길러야 한다."라고 조언한다. 즉, 독서가 유머의 원천이라는 것이다. 소설이나 인문교양서도 짬을 내 읽고, 신문과 뉴스를 꼼꼼히 챙겨 본다면 충분한 상식과 지식을 갖출 수 있을 것이다. 또한 유머에 대한 서적이나

TV 프로그램을 접하면서 유행하는 유머를 기억해 두었다가 상황에 어울리게 구사하는 것도 좋을 것이다.

이렇게 상담자는 유머 감각을 키우기 위해 다양한 방법으로 노력해야 한다. 상담자가 유머 감각을 키우는 것은 스스로도 스트레스를 이겨 낼 뿐만 아니라 상담관계를 부드럽게 하여 청담자에게도 도움이 되기 때문이다.

6. 다양한 경험 쌓기

1780년(정조 4년) 연암은 북학을 위한 연행길에 올랐다. 물론 연암이 북학을 연구하기 시작한 시점은 훨씬 이전이었다. 과거를 통한 정치적 출세의 뜻을 완전히 접은 35세 이후 은둔생활을 시작한 연암은 연암 그룹의 벗들과 더불어 이용후생의 학문을 연구하고 토론하며 북학을 연구하였다. 따라서 연암의 연행길은 그동안 연구하던 학문을 눈으로 보고 몸으로 체험하며 배우기 위한 것이었다.

연행 중 연암은 벽돌을 찍어 내는 법, 기와나 온돌법, 가마, 수레, 말 등의 이용을 자세히 관찰하고 기록하였다. 연암이 관심을 가지고 기록한 벽돌, 가마, 온돌, 수레, 말 등에 관한 이용법은 후에 연암이 안의현감이 되었을 때, 백성의 생활을 편리하게 하고 생산력을 향상시킬 수 있는 각종 도구나 기구의 제작·보급, 농업 기술 개선 등 실생활에 도움이 되도록 이용되었다. 만약 연암이 직접 연행길에 올라 이러한 여러 가지 기술과 이용법을 보고 배우지 않았다면 백성의 생활에 실질적인 도움이 되지 못했을 것이다.

또한 연암은 방대한 독서량을 통한 여러 가지 간접 경험을 한다. 그런 간접 경험은 필요할 때면 언제든지 끄집어내어 청담자를 돕는 데 활용했다. 고금의 이야깃거리를 통한 연암의 가르침은 많은 청담자가 자신의 문제를 파악하고 해결하면서 성장하도록 도울 수 있었던 것이다.

좋은 상담자 역할을 하려면 삶에 대한 지식과 지혜

가 풍부해야 한다. 그래야 쉽게 청담자의 입장에 설 수 있고, 청담자의 수준과 문제 상황에 맞는 다양한 방법을 동원하여 적절하게 도움을 줄 수 있기 때문이다. 상담자의 그런 지식과 지혜는 다양한 직·간접 경험을 통해서 획득된다. 따라서 상담자는 다양한 경험을 쌓기 위해 직접 여행을 떠나거나 방대한 독서를 통해 획득하려고 노력해야 할 것이다.

지금까지 연암의 삶의 태도를 통해 상담자가 배우고 갖추어야 할 바람직한 자질을 찾아보았다. 상담자는 삶의 원칙을 세우고 실천하며 본을 보이고, 일처리를 할 때는 에너지를 집중시켜 철두철미하게 하며, 자신의 일에 전문성을 확보하고, 청담자가 바람직하게 성장하도록 돕는 지혜를 찾기 위해 공부해야 한다. 그리고 늘 청담자 안에 머물며 청담자가 호소하는 문제가 무엇인지 파악하고, 바람직하게 성장하도록 도울 수 있는 적절한 방법이 무엇인지 찾아야 한다. 또한 상담자는 서먹서먹한 관계를 순조롭게 풀어가고 상담관계를 수월하게 형성하기 위해, 그리고 청담자에게 활력과 생기를 불어넣어 긍정적인 자세를 갖고 자신의 문제를 탐색하고 해결하며 성장하도록 돕기 위해 유머 감각을 키우도록 노력해야 한다. 마지막으로 상담자는 직접적으로나 간접적으로 다양한 경험을 쌓음으로써 청담자를 돕는 다양한 지혜를 얻을 수 있도록 끊임없이 노력해야 할 것이다.

5

연암에게 배우는 상담자의 관계 형성 및 유지 능력

상담이 "인격적 만남을 통해 생활 세계 곳곳에서 사람들의 바람직한 변화를 돕는 과정"(박성희, 2003)이라면 생활 세계 곳곳에서 이루어지는 인격적 만남을 통해 관계를 맺고 유지하는 것은 청담자의 자기 탐색을 촉진하고 문제 해결과 자아 성장을 돕는 바탕이 되어야 한다. 따라서 박성희(2003)는 상담자의 공감적 이해, 수용, 진정성 등은 청담자의 자기 탐색을 촉진하고 문제 해결과 자아 성장을 돕는 관계의 조건으로 기능한다고 했다. 연암에게서 배울 수 있는 관계를 맺고 유지하는 능력도 이와 별반 다르지 않다. 이미 우리 조상들은 상담의 핵심적인 방법을 알고 실천하며 살았던 것이다. 따라서 필자들은 '자기중심성의 탈피' '공감적 심정의 발휘' '진정성을 통한 신뢰 형성' '서로의 차이를 인정, 다른 사람의 의견 존중하기' 등 연암의 관계 형성의 원리를 통해 상담자가 지녀야 할 관계를 맺고 유지하는 능력 몇 가지를 정리해 보고자 한다.

1. 다른 사람의 시선으로 나를 보기

다른 사람의 시선으로 나를 보는 것은 나를 돌아보는 방법이다. 예를 들어, 지금 상담 관계에 있다면 현재 나의 감정과 생각이 청담자에게 어떻게 영향을 주고 있는지를 청담자의 입장이 되어 바라보는 것이다. '상담자가 나에게 관심을 집중시키고 나의 언어적, 비언어적 메시지를 경청하는구나!' '나는 존중받고 있구나!' '상담자는 내 애기를 듣는 것 같지만 경청하고 있지 않구나!' 등 청담자가 느낄 수 있는 내면의 움직임을 상담자는 먼저 느끼고 주의를 기울여야 한다. 왜냐하면 청담자가 상담자를 신뢰하고, 상담자와 바른 관계를 형성하고자 하는 데 전제 조건이 되기 때문이다.

다른 사람의 시선으로 나를 보는 방법은 자기중심성의 탈피로 다른 존재와의 올바른 관계정립을 위한 전제조건이다. 연암은 자기중심성의 탈피를 방 가운데서 방을 보면 전체를 볼 수 있을 것 같으나 실제로는 못 보며, 방 밖으로 나와 작은 창구멍을 통해 방 안을 봐야 전체를 볼 수 있는 것처럼, 자신의 입장이 아닌 남의 입장에서 자신을 바라보아야 자신을 제대로 파악할 수 있는 것으로 설명하고 있다.

사실 자신을 제대로 돌아보기는 쉽지 않다. 그것이 쉽게 이루어지는 일이라면 많은 사람이 모든 문제의 원인을 자신이 아닌 다른 사람에게 돌리지는 않을 것이다. 그러나 자기 눈에 있는 대들보를 보지 못하기 때문에 나의 생각이 무엇이 잘못되었고 나에게 무슨 문제가 있으며, 나의 행동이 상대방과 만남을 통해 관계를 맺고 유지하는 데 어떻게 걸림돌이 되는지 파악하기 쉽지 않다.

상담자는 상담하는 순간순간 자신에게서 빠져나와 청담자의 눈으로 자신을 볼 수 있어야 한다. 그러면서 혹시 청담자를 무시하고 있지는 않은지, 청담자에게 믿음을 주지 못하고 있는 것은 아닌지를 꼼꼼하게 살펴보아야 한다. 만약 상담자가 그런 태도를 갖고 있다면 청담자의 마음의 문은 닫힐 것이고, 상담자가 아무리 좋은 전략과 기법으로 도움을 주려고 해도 청담자의 문제를 해결해 주지 못할 것이다. 따라서 청담자의 입장에서 자신을 돌아보면서, 청담자와 좋은 관계를 형성하고 유지하도록 끊임없이 노력해야 할 것이다.

2. 나를 잊고 다른 사람 되기

다른 사람의 시선으로 나를 점검해 보았다면 이제 나를 버리고 청담자의 입장이 되어 청담자가 해결하기를 원하는 문제가 무엇인지, 어느 정도 성장하기를 원하는지 찾아보아야 할 것이다. 이런 상태를 공감적 심정의 발휘라고 한다. 이것은 자신의 입장이 아닌 상대방의 입장이 되어 사태를 보는 것이다. 즉, 역지사지(易地思之)하는 입장을 가지라는 것이다.

현대 상담에서는 이를 '공감적 이해'로 규정한다. 박성희(2005)는 "공감적 이해는 쉽게 말해 상대방의 눈으로 보는 것처럼 보고, 귀로 듣는 것처럼 듣고, 코로 냄새 맡는 것처럼 냄새 맡고, 혀로 맛보는 것처럼 맛보고, 피부로 감각하는 것처럼 감각하는 것을 말한다. 자신을 잠시 젖혀 놓고 상대방의 내면으로 들어가 마치 자신이 상대방인 것처럼 생각하고 느끼고 행동하는 것이다. 그러기 위해서 모든 선입견과 선지식을 버리고 순수함 마음으로 상대방의 이야기를 경청하고 그 속으로 뛰어들어가야 한다."라고 하였다.

이런 상태를 필자들은 나를 잊고 다른 사람이 되어 보는 것이라고 생각한다. 청담자와 상담 관계에 있으면서 청담자가 해결하기 원하는 문제가 무엇인지 알기를 원한다면 상담자 자신의 준거와 논리로 판단하지 말고, 청담자가 생각하는 방식, 상대방이 전개하는 논리를 있는 그대로 존중하고 충실히 따라가면서 그 논리를 확장·발전시켜 해결방안을 모색해야 한다. 즉, 상담자는 청담자의 어떤 점을 바꾸려고 애쓰기보다는 청담자 속으로 깊이 들어가는 작업에 심혈을 기울이는 것이 바람직하다. 그리고 그 과정을 통해 청담자 스스로 자신의 논리를 진전시키고 객관화시켜 문제를 해결하도록 도와주어야 한다. 또한 그 밑바탕에 상담자가 정서적으로 함께함을 보여 줌으로써 청담자가 편안하게 자기를 탐색하고 개방하여 문제를 해결할 수 있게 이끌어 주어야 한다.

3. 진정성을 바탕으로 신뢰 형성하기

상담자가 다른 사람의 시선으로 자신을 들여다보며 자신의 관계 양식을 돌아보고, 자신을 잊고 청담자 속으로 깊게 들어가 문제를 해결할 수 있도록 관계를 형성하는 것 못지않게, 바람직한 상담 관계를 형성하고 유지하는 데 중요한 것이 진정성을 바탕으로 신뢰를 형성하는 것이다.

박성희(2005)는 "상대방에 대해 진심으로 관심과 흥미를 가짐과 아울러 순수하고 투명하게 자신을 열고 대하려는 자세가 바로 진정성"이라고 했다. 상담자에 대한 청담자의 신뢰는 상담자가 청담자와의 관계에서 실제로 느낀 경험 내용을 투명하게 노출할 때 생긴다(박성희, 2005). 따라서 상담자가 속으로 느낀 자신의 느낌과 체험 내용을 겉으로 꾸밈없이 표현하며 자신을 투명하게 개방하는 것이 선행되어야 하는 것이다.

연암은 상대방에게 잘 보이기 위하여 억지로 표현을 조정하지 않았다. 내면에서 일어나는 의구심을 그대로 표현함으로써 겉과 속의 일치성을 보였기 때문에 상대방은 연암의 직선적인 태도에 다소 당황은 했겠지만 신뢰할 만한 사람이라고 느낄 수 있었다. 그런 진정성을 바탕으로 상담자에 대한 신뢰감이 형성되면 청담자는 내밀한 부분에 대한 자기 탐색이 가능해지고, 자기 탐색이 깊어질 때 바람직한 변화와 성장이 초래된다. 연암은 이렇게 신뢰를 바탕으로 형성된 인간관계를 평생 유지하였다. 그리하여 연암의 주위에는 늘 손님이 끊이지 않았고, 어느 위치에 있어서도 항상 지인을 극진히 아끼며, 진심으로 관심과 흥미를 갖고 상대방의 변화와 성장을 도우며 사는 모습을 보였던 것이다.

연암처럼 상담자는 청담자에게 진심으로 관심과 흥미를 갖고 상담을 하면서 체험하는 느낌을 거짓과 꾸밈없이 솔직하게 표현해야 한다. 그리고 그런 진정성을 통한 신뢰를 바탕으로 청담자의 바람직한 성장을 도울 수 있는 관계를 형성하고 유지하는 능력을 갖추어야 한다. 그것이 바람직한 상담 관계 형성의 또 하나의 필요조건이기 때문이다.

4. 다른 사람의 의견에 귀 기울이기

관계를 맺고 유지하기 위해서 상담자가 지녀야 할

태도의 마지막은 다른 사람의 의견에 귀 기울이기다. 연암은 친구들과 한번 만나면 며칠을 함께 지내며, 밤낮을 잊은 채 담소하는 것을 즐겼다. 때로 서로의 주장에 차이를 보일 때에는 차이를 있는 그대로 인정하고 존중하는 자세를 취했으며, 상대방의 주장을 무시하거나 억지를 써서 자기의 주장을 관철하려 하지 않았다. 그러나 연암은 자신의 주장만 옳다고 억지를 쓰지도 않았지만 상대방의 생각과 논리를 무조건 받아들이지도 않았다. 어느 것이 옳고 그른지 사흘 밤낮에 거쳐 토론을 하면서 상대방의 논리에 귀를 기울인 후에야 비로소 상대방의 고유한 세계를 인정하였다. 그렇기 때문에 자기의 주장만 관철하려 하지 않았고, 상대방의 생각과 논리를 인정하고 존중하였던 것이다.

또한 연암은 "남을 아프게 하지도 가렵게 하지도 못하고, 구절마다 범범하고 데면데면하여 우유부단하기만 하다면 이런 글을 대체 얻다 쓰겠는가?"라며 충고를 아끼지 않기도 했지만, 자신의 글과 성격이 달라도 문장을 논하는 빼어난 안목을 인정한 후에는 오히려 자신의 글이 한 편 완성될 때마다 자신을 위해 비평을 해 달라고 하며 상대방을 존중하는 태도를 보이고 상대방의 의견에 귀를 기울였다.

상담자가 자신의 논리만 옳다고 생각하여 청담자의 논리에 전혀 귀 기울이지 않는다면 청담자는 자신이 무시당했다고 생각하고 비인격적 대접을 받는다고 느낀다. 그러면 청담자는 마음의 상처를 입고 마음의 문을 닫을 것이다. 마음의 문을 닫은 상태에서 일어나는 상담 관계는 잠시 동안은 어쩔 수 없이 유지될지도 모르지만 결국은 파괴되고 말 것이다. 또한 청담자가 그런 관계를 경험하면 할수록 다른 사람에 대한 신뢰감은 무너지고 바람직하게 변하고 성장하기가 어려워진다. 그러나 청담자의 의견에 귀 기울이는 상담자의 태도는 청담자에게 편안함과 더불어 마음의 안식처를 찾았다는 느낌을 제공함으로써 안전한 상담 관계를 맺고 유지하게 할 수 있을 것이다. 또한 그런 분위기는 청담자의 자기 탐색을 촉진해 주고 스스로 문제를 해결할 수 있게 이끌어 줄 수 있을 것이다.

상담자가 자신의 논리만 고집하는 어리석음을 범하지 않아야 하지만 그렇다고 상담자가 청담자의 세계에 빠져드는 역전이 현상이 일어나서는 안 된다. 연암은 상대방의 논리와 주장을 인정하긴 했지만 자신의 뜻을 끝까지 굽히지도 않았다. 상담자는 연암처럼 자신의 논리를 잃지 않으면서 청담자의 생각과 논리에 귀를 기울여야 한다. 그리고 청담자의 상태를 인정하고 그 상태에서 청담자 스스로 어울리는 방식으로 성장할 수 있도록 도와주어야 한다.

지금까지 살펴본 것처럼 상담자는 인격적 만남을 통해 관계를 맺고 유지하는 능력을 갖추고 있어야 한다. 그래야 청담자와의 상담 관계가 제대로 형성되어 청담자가 바람직하게 성장할 수 있도록 도울 수 있기 때문이다.

관계를 맺고 유지하는 능력을 키우기 위해서 먼저 상담자는 상담 관계에 있을 때 자기중심성을 탈피하여 현재 나의 감정과 생각이 청담자에게 어떻게 영향을 주고 있는지, 청담자의 시선으로 자신을 돌아볼 줄 알아야 한다. 그리고 청담자의 시선으로 자신을 점검해 보면서 자신을 버리고 청담자의 입장이 되어 청담자가 해결하기 원하는 문제가 무엇인지, 어느 정도 성장하기를 원하는지 찾아보아야 한다. 또한 청담자에게 진심으로 관심과 흥미를 갖고, 상담을 하면서 체험하는 느낌을 거짓과 꾸밈없이 솔직하게 표현하여 진정성을 통한 신뢰를 형성해야 한다. 마지막으로 자신의 논리를 잃지 않으면서 청담자의 생각과 논리에 귀를 기울이는 태도를 통해 청담자에게 편안함과 더불어 마음의 안식처를 찾았다는 느낌을 제공함으로써 안전한 상담 관계를 맺고 유지하게 할 수 있게 해 주어야 한다.

6

연암에게 배우는 바람직한
성장을 돕는 상담 기법

연암은 매질과 회초리 대신 다양한 방법을 통해 자녀 교육, 친구의 문제 해결, 목민관으로서 수많은 병폐와 부조리를 해결하고 백성의 삶에 도움이 되는 일을 하였다. 필자들은 연암이 사용한 인간 변화를 위한 구체적 전략으로 '감동법' '설득법' '호통을 통한 적극적 개입' '다양한 이야깃거리를 통한 가르침' '풍류와 재기 넘치는 유머와 우스갯소리' '상대방의 수준에 맞추어 성장하도록 돕기' 등을 정리해 보았다. 이제 연암의 인간변화의 구체적 전략을 통해 현대 상담에서 활용해 볼 수 있는 구체적 기법을 찾아 정리해 보고자 한다.

1. 감동 주기

연암은 백성을 다스릴 때 마음을 사로잡아 문제를 해결하는 방법을 택했는데, 이것은 상황이 어려울 때 상대방의 심리를 자극해서 감동을 줌으로써 상대방이 스스로 변화와 성장의 욕구를 갖고 실천해 나가게 하는 것이다.

상황이 답답하고 어려울 때, 문제를 해결해야 한다는 것은 알지만 해결할 엄두가 나지 않고 어떻게 해결해 나가야 할지 모를 때, 상담자는 모든 문제와 해결할 수 있는 능력이 청담자에게 있다고 보고, 비판이 아닌 깊은 이해를 보여 주며 긍정적 배려를 통해 성장 잠재력을 유도해 내려고 한다면 청담자는 마음으로 감동하여 문제를 해결하려는 욕구와 의지가 생기고 구체적인 방법을 찾아 해결을 시도할 것이다.

연암이 양양부사로 부임했을 때 곡식을 훔치고 빼돌린 아전들은 자신들이 지은 죄가 얼마나 크고 지은 죄의 대가를 얼마나 크게 치러야 할지 잘 알고 있었지만 포흠을 갚을 길이 없어 갚을 엄두를 내지 못하고 있었다. 이때 연암은 아전들을 닦달하지 않고 자신의 녹봉을 떼어내 주며 그것을 시작으로 포흠을 갚아 나가라고 했다. 그러자 아전들은 원님이 포흠을 갚는다는 말은 들어본 적이 없다며 감동했고, 자신들이 갖고 있던 물건을 팔아 포흠을 갚기 시작했다.

청담자는 비판당하지 않고 자신의 입장을 이해해 주며, 긍정적으로 배려하고 문제를 해결하기 위해 스스로를 희생하는 상담자에게 감동을 받아 해결하려는 용기를 얻었던 것이다. 청담자가 마음을 먹어야 실천하려는 의지가 생기고, 실천하려는 의지가 있으면 모든 문제를 훨씬 수월하게 접근할 수 있고 해결의 실마리를 찾을 수 있다. 청담자가 바르게 성장하려는 의지가 없다면 상담자는 그만큼 청담자를 돕기가 어려워진다. 연암은 이것을 알고 말로 닦달하지 않고 먼저 해결의 길로 나섰던 것이다.

연암은 일이 해결된 뒤에도 청담자가 다시는 문제 상황에 빠지지 않겠다는 의지를 갖도록 감동으로 이끌

어 주었다. 어쩔 수 없이 곤장을 칠 경우, 곤장질이 끝
난 후에는 반드시 사람을 보내 맞은 곳을 주물러 멍을
풀어 주게 함으로써 죄인이 목민관의 진정성에 감동하
여 자신의 잘못을 진심으로 뉘우치고 다시는 죄를 짓
지 않도록 이끌어 주었던 것이다.

이처럼 상담자는 청담자가 힘들어 할 때 잡아 주는
손의 믿음직함, 어깨를 두드려 주는 따뜻함, 상처를 어
루만져 주는 진정성을 보여 줌으로써 청담자가 마음으
로 깨달아 다시는 같은 문제 상황에 빠지지 않고 항상
바르게 성장하려는 마음과 자세를 갖도록 감동을 줄
수 있어야 한다.

2. 사고의 폭을 넓혀 가는 대화하기

상담을 하다 보면 스스로 상담과정에 참여하기 위해
상담자를 찾는 청담자도 있지만, 대부분의 청담자는
문제가 있거나 일이 잘못되어 가고 있는데도 인식하지

못하고, 자신이 옳다고 생각해서 절대 남의 말을 듣지 않으려는 경우가 많다. 이럴 때 상담자는 대화를 통해 사고의 폭을 넓혀 가며 청담자를 문제에 집중시키고 스스로 문제와 해결방법을 찾아가도록 이끌어 주어야 한다.

 연암은 자신이 무엇을 잘못하였는지 깨닫지 못하는 사학을 믿는 자에게 부모의 천륜과 은혜가 중하다는 것부터 그들이 믿는 사교가 천륜을 거역하고 윤리를 거스르는 까닭을 분명하고 알기 쉬운 내용으로 알아듣도록 타이르며 깨우치게 하였다. 귀담아듣지 않아도 깨우치도록 하는 것을 그치지 않았고, 마음이 격동되어 입을 열기 시작하면 그 말의 실마리를 좇아 묻고 이끌기를 반복하여 상대방이 깨달을 때까지 조목조목 따져 들어가며 사고의 폭을 넓혀 갔다. 그러면 처음에는 자신이 무엇을 잘못하였는지 몰랐던 자도 깨달아 뉘우치며 눈물을 줄줄 흘렸다고 한다. 그렇게 자신의 문제를 찾은 청담자는 스스로 해결방법을 찾아 나섰다. 즉, 자신이 간직하고 있던 천주교 관련 책자나 예수의 초상을 스스로 갖고 와서 불태우고, 여기저기 흩어져 있는 다른 무리들을 깨우치러 다니기까지 했다.

상담자는 연암처럼 끈질기게 반복하며 말의 실마리를 좇아 조목조목 청담자의 사고의 폭을 넓혀 가야 한다. 그래야 청담자가 자신의 문제에 집중하고 성장 욕구를 제대로 인식할 수 있기 때문이다. 청담자가 자신의 문제와 성장 욕구를 제대로 인식한다면, 적극적인 탐색이 가능해진다. 또한 적극적인 탐색을 통해 스스로 문제를 해결할 수 있는 방법을 찾고 성장하려고 노력할 것이다.

3. 삶을 즐기는 방법 전수하기

연암은 평생 열심히 공부하며 살았다. 그러나 연암은 과거 급제란 성공을 위해 공부하지 않았다. 또한 연암이 평생 열심히 공부하였다고는 하지만 공부에만 매달리지 않았고 삶을 즐기며 살았다. 다른 사람과 어울리는 것을 즐겼으며, 다른 사람을 도우며 사는 것을 즐겼다. 그리고 그렇게 열심히 살며 삶을 즐기는 방법을 끊임없이 가르쳤다.

연암은 열심히 공부하라고 다그치기도 하고 공부하지 않는 자녀들이 한심하다며 한탄하기도 한다. 그러나 연암에게 있어서 과거시험을 위해 공부하는 것은 째째한 선비의 모습이다. 연암이 자녀들에게 열심히 공부하라고 한 것은 다른 사람을 돕기 위한 과정일 뿐이다. 또한 공부에 매달려 세상 경험을 쌓지 않는 것은 아무런 도움이 되지 않으며, 함께 어울리지 아니하며 혼자 공부하는 것은 실생활에 부딪히면 자신을 잃고 어긋난 행동을 많이 할 수 있으므로 경계하지 않으면 안 됨을 강조하였다.

상담자의 모습이 열심히 공부하는 것이지만 그것은 세속의 성공을 위해서가 아니며, 열심히 공부하면서도 청담자들과 어울리며 청담자들을 도우며 사는 삶을 즐기는 것이 바람직하다. 그리고 청담자들이 바람직하게 성장하게 하려면 그들도 때로는 목표를 향해 달려가던 마음을 풀어 놓아 느슨하게 하며 쉴 수 있도록 삶을 즐기는 방법을 전수해야 한다. 삶을 즐기는 방법으로 박성희(2008)는 유머를 잃지 않고, 놀이와 장난에 빠져 보기, 수다도 떨고, 취미 생활도 하며 가끔은 촐랑거려 보기, 게으름 부려 보기, 크게 웃으며 스트레스 풀기 등을 소개한다.

그러나 요즘 청소년은 쉴 수가 없다. 마음뿐만 아니라 몸조차 쉴 틈이 없다. 그들은 입시 스트레스, 친구 관계 스트레스, 휴식 없이 몰아가는 삶의 스트레스 등 많은 스트레스 속에 살아가고 있다. 그리고 그들이 그렇게 살아가도록 만드는 것은 바로 부모, 교사와 같은 기성세대다. 우리는 '성공'하려면 모든 것을 참아야 한다고 가르친다. '인내는 쓰다. 그러나 그 열매는 달다.'란 말이 그 예다. 그래서 청소년은 수많은 스트레스 속에서도 이겨 내려고 애쓰며 견뎌 낸다. 성공이라는 목표에 도달하려면 어쩔 수 없는 것이고 나중에 행복하게 살기 위해선 참고 견뎌 내야 한다는 것이다. 오로지 목표를 향해 달려 나갈 줄만 알았지 삶을 즐길 여유가 없다. 그러다 결국은 삶에 지쳐 쓰러지고 병을 얻게 되는 것이다.

상담자는 청담자가 자신의 직무에 충실하게 살도록 이끌어 가기도 해야 하지만, 무언가에 집착하여 얻은 마음을 쉴 수 있는 방법을 가르쳐 주며 청담자가 그렇게 살 수 있도록 도와주어야 한다. 그래야 청담자들이 삶에 지치기 전에 건강한 마음으로 자신을 탐색하고 바르게 성장할 수 있으며, 즐겁고 행복하게 살아갈 수 있기 때문이다.

4. 성장에 초점 맞추어 꾸중하기

박성희(2006)는 좋은 꾸중은 성장과 발전의 원동력이 된다고 하였다. 꾸중은 잘못된 행동을 제재하는 것이기도 하지만 잘못된 행동을 고쳐 바람직한 행동을 하라고 격려함으로써 궁극적으로 청담자의 성장을 돕는 것이기 때문이다. 따라서 좀 더 적극적인 자세로 적절하게 꾸중을 하는 것이 필요하다고 하였다. 그러나 꾸중은 이런 목적을 달성하면서도 꾸중하는 사람이나 꾸중을 듣는 사람에게 감정적인 앙금이 남지 않게 제대로 꾸짖을 수 있어야 한다.

연암은 격의 없이 사람을 대해 윗사람부터 아랫사람까지 교유의 폭이 넓고 깊었다. 그러나 예의에 벗어난 행동을 하면 그가 누구든 적극적으로 개입하여 크게 꾸짖었다. 비록 친구일지라도 예의를 어기고 함부로 행할 때에는 직접 볼기짝을 때리며 거칠고 경솔함을 나무라기도 하였고, 아랫사람이 예의에 벗어난 행동을 하면 그 자리에서 벌떡 일어나며 술잔을 집어 던지면서 쩌렁쩌렁한 목소리로 호통을 치기도 하였고, 소송을 심리하거나 옥사를 처리할 때 언성을 높이거나 성을 내는 일이 드물었지만 인륜에 관련된 일, 예를 들면 부모에게 순종하지 않거나 형제가 재산 문제로 다투거나 남의 아내를 간음한 일 등은 크게 성을 내며 평상시보다 더 엄격히 다스렸다.

또한 타던 말이 죽어 묻어 주라고 하였는데 하인들

이 공모하여 말고기를 서로 나누어 가진 사실을 알고 사람과 짐승이 차이가 있다고는 하나 함께 수고한 말에게 어찌 차마 그럴 수 있느냐며 그 하인의 볼기를 치고 마침내 집에서 내쫓아버려, 문밖에서 몇 달 대죄한 후에야 집에 들어오게 하기도 하였다.

그러나 어느 누구도 연암의 그런 태도에 불만을 갖지 않았다. 오히려 자신을 돌아보며 잘못됨을 깨달아 고쳤다. 이것은 연암이 터무니없이 화를 낸 것이 아니고, 자기에게 쌓인 화를 푸는 데 그들을 이용한 것이 아니라, 그들의 잘못된 점을 지적하여 바람직한 행동으로 이끄는 데 초점을 두었기 때문이다.

꾸중은 적절하게 활용하면 청담자를 바람직하게 성장할 수 있도록 돕는 효과적인 방법 중 하나다. 그러나 꾸중은 청담자의 바람직한 성장에 초점을 맞추어 해야 한다. 꾸중을 한 이후 청담자가 변화를 보이면 기다렸다는 듯 칭찬을 해 주는 것도 청담자의 바람직한 성장을 돕는 데 꼭 필요하다.

5. 이야기 자료 활용하기

연암은 자신의 주장을 펴거나 가르침을 줄 때 밋밋하게 그냥 하지 않았다. 방대한 독서를 통해 얻은 다양한 이야깃거리를 통해 흥미 있게 전개함으로써 구체적이고 가슴 깊게 녹아드는 가르침을 주었다.

연암은 아주 다양한 장면에 흥미 있는 이야기를 끌어들여 가르침을 주었다. 개미, 파리, 사슴, 코끼리의 크기에 비유해 상대방의 잘못된 생각을 지적하기도 했고, 조선 초기부터 후기까지 실존했던 명필, 화가, 명창 등 여러 인물을 등장시키는 방법을 이용하여 자기를 온전히 잊는 몰입 없이 이룰 수 있는 일이란 아무것도 없다는 가르침을 주기도 했다. 학문하는 길에는 특별한 방법이 없으며, 자신이 남보다 못함을 부끄러워하면서도 자신보다 나은 사람에게 묻지 않는다면 이는 종신토록 고루하고 재주 없는 곳에 스스로를 폐쇄시키는 것임을 중국 고사를 이용해 이야기하기도 하고, 조상들의 이야기, 즉 집안 내력을 들어 이야기하며 자녀들에게 청빈하게 살라는 가르침을 주기도 하였다.

이렇게 어떤 상황, 어떤 장면에서든지 작은 것이라도 가치 있게 여기는 이야기를 청담자들의 삶과 연결시켜 주면 청담자는 흥미를 갖고 자신을 깊게 탐색하며 자신의 생활을 조율해 갈 가능성이 높으며(박성희, 2008), 그것을 통해 청담자 스스로 문제의 해결책을 찾고, 치유와 성장을 위해 노력할 수 있을 것이다. 왜냐하면 이야기 자료를 통한 상담은 청담자들의 흥미 유발에 좋아 청담자를 쉽게 상담 장면에 끌어들일 수 있고, 부드러운 분위기 속에서 청담자들이 두려움 없이 자신의 문제에 접근할 기회를 제공해 줄 수 있기 때문이다.

상담자가 청담자의 다양한 갈등 상황과 연결시켜 줄 수 있는 흥미 있는 이야기 자료를 모두 알고 있기는 쉽지 않다. 이렇게 하려면 상담자는 많은 것을 공부해야 할 것이다. 따라서 상담자는 다양한 인물을 끌어들여 흥미 있게 청담자의 삶과 연결시켜 주며 청담자의 성장을 돕기 위해 끊임없이 독서하고 공부하며 다양한 경험을 쌓기 위해 노력해야 한다.

　동서고금을 끌어들여 흥미 있게 이야기를 전개해 가는 상담자의 모습은 그 자체로도 청담자들의 존경하는 마음을 일으키며 공감하게 할 가능성이 높고, 자신의 삶과 연결된 이야기 자료를 통해 '아, 그렇구나! 그렇게 하면 되겠구나! 나도 할 수 있겠구나!' 하며 두려움 없이 적극적으로 자신의 내면을 탐색하려는 용기를 북돋워 줄 것이다. 그리고 그런 적극적인 내면의 탐색은 문제를 해결할 수 있는 방법을 찾아 스스로 성장하는 청담자로 이끌어 가는 데 부족함이 없을 것이다.

6. 유머 활용하기

　상담자가 유머 감각이 뛰어나면 청담자와 만난 자리에서 서먹서먹한 느낌이 금방 사라져 친해지기 쉽고, 상담 관계를 수월하게 형성할 수 있다고 하였다. 그러나 유머는 상담 관계를 수월하게 형성하는 데에만 이용되는 것이 아니다. 청담자에게 활력과 생기를 불어 넣어 주기도 하고 청담자가 긍정적인 자세를 갖고 자신의 문제를 탐색하고 해결하며 문제가 되는 상황을 지혜롭게 돌파할 수 있는 다양한 길을 안내할 수 있다.

평생 웃음을 잃지 않고 살아간 연암은 말하고 상대하는 데 힘은 들면서도 일을 매듭짓기 어려운 경우에는 우스갯소리를 하여 상황을 완화시킴으로써 분란을 풀곤 하였다. 그러면 사람들 또한 언짢게 여기지 않았고 상황을 긍정적으로 보아 그때마다 일이 해결되지 않은 적이 없었다고 한다.

현대 의학에서는 스트레스가 만병의 근원이라는 것과 웃음이 질병의 예방 및 치료에 큰 효과가 있음을 다양한 연구를 통해 밝혀 왔다. 치열한 경쟁과 각박한 세태에 지친 현대인에게 유머는 스트레스를 푸는 활력소가 된다. 유머를 즐기는 사람은 아무리 심한 스트레스가 거듭돼도 그것을 쌓아 두지 않고 웃음으로 배설하는 자정 능력을 갖고 있다. 그는 자신뿐 아니라 주위에도 웃음을 퍼뜨려 삶에 활력과 생기를 불어넣고 스트레스를 차단할 수 있다. 따라서 상담자는 상담과정에서 웃음을 잃지 않고 문제 상황을 조금 가볍게 만들 필요가 있다. 그래야 청담자도 문제 상황에 대한 압박감에서 벗어나 긍정적으로 자신의 문제에 접근하여 탐색할 수 있기 때문이다. 이런 긍정적인 탐색은 일을 매듭짓기 어려운 경우에 상황을 완화시켜 문제를 단순화할 수 있고, 해결방법도 쉽게 찾을 수 있게 할 것이다.

7. 창의적인 방법 활용하기

상담자는 청담자가 문제 상황을 여러 각도에서 접근하여 해결할 수 있게 다양한 방법을 활용할 줄도 알아야 한다. 즉, 상담자가 어떤 문제에 대해 기존의 전략과 기법만 고수할 것이 아니라 새로운 해결안, 새로운 방법 등을 찾아보아야 한다.

연암은 확산적 사고를 통해 합리적이고 창의적인 문제 해결, 풍류와 재기가 넘치는 다양한 방법으로 사람을 깨우치고 계발해 주었다. 이것은 연암이 풍류와 우스갯소리를 즐기는 성향이 있기 때문이기도 하지만, 때로는 기발하고 창의적인 방법이 미처 사람들이 생각지도 못한 허를 찌르며 청담자가 문제를 해결하는 데 결정적인 역할을 했기 때문이다.

늘 사람을 때리고 싸움질만 하던 평민이 몽둥이를 들고 때려 죽이려 한다며, 한 아전이 그 몽둥이를 들고 숨을 헐떡이며 연암에게로 왔다. 아마 보통은 그 평민을 잡아들여 곤장을 치거나 옥에 가두었을 것이다. 그러나 연암은 다른 방법을 사용한다. 여유롭게 웃으며 뉘우치지 않는다면 모든 사람이 이 몽둥이로 그 사람을 때려도 좋음을 사또가 허락한다는 내용을 새기게 했다. 이 말을 전해 들은 아무개는 더 이상 야료를 부리지 못했다고 한다. 그 평민은 곤장 몇 대 맞는 것이나 옥에 갇히는 것보다 모두 함께 달려들어 자신을 때린다 해도, 자신이 지은 죄가 있기 때문에 속수무책일 거라는 생각에 더 이상 그 행동을 해서는 안 되겠다는 생각이 들었을 것이다. 다소 엉뚱한 생각이 들겠지만 때리지도 옥에 가두지도 않고 문제를 해결하는 연암의 창의성이 돋보이는 대목이다. 연암은 미처 생각지도 못한 새로운 각도에서 문제에 접근하였다. 그러나 그것은 청담자가 자신의 문제를 적극적으로 탐색하게 하였고, 그 결과 그만둘 수밖에 없다는 결론에 도달함으로써 스스로 문제를 해결하도록 유도했던 것이다.

문제를 해결하는 데 정도는 없다. 상담자가 문제 상황을 고루한 방법으로만 해결하려고 한다면 청담자는 상담 자체에 흥미를 잃고 형식적으로만 대하기 쉽다. 그러나 상담자가 상담과정에서 창의적인 방법을 활용한다면 청담자의 확산적 사고를 도울 수도 있고, 청담자가 쉽게 문제에 접근하여 다양한 방법으로 탐색하고 문제 해결 방법을 찾을 수 있게 도울 수 있을 것이다.

청담자의 문제를 해결하거나 성장을 돕기 위해 창의적인 다양한 방법을 활용하려면 상담자가 먼저 다양한 방향으로 생각하는 습관을 가져야 한다. 때로는 무질서, 모순, 불균형 등에도 흥미를 갖고 그것들을 문제 해결에 적용해 보는 다소 엉뚱함이 필요할지도 모른다. 상담자가 융통성이 없고 엄격하기만 하다면, 청담자는 긴장할 수밖에 없고 긴장을 하면 생각이 다양하게 확산되지 않고 수렴적일 수밖에 없다. 또한 상담에 흥미를 갖고 적극적으로 참여하지도 않을 것이다. 따라서 상담자는 확산적 사고를 통해 창의적인 방법을 모색하며 청담자가 성장하도록 도와야 한다.

8. 특성과 역량에 맞추어 성장시키기

연암은 인재를 아끼는 마음이 지극하였다. 그래서 비록 미천한 계급의 인물이라 할지라도 뛰어난 재주가 있으면 반드시 아끼고 사랑하여 이끌어 주었다고 한다. 그때 연암은 상담자로서 청담자의 수준에 맞는 방법을 찾아 도움을 주었다.

청지기에게 무명옷에 물들이는 방법을 가르쳐 많은 이익을 얻을 수 있게 해 주기도 하고, 오래 떠돌아다녀 마음을 붙들어 매지 못한 종에게 매일 밤 짚신을 삼으며 짚신 삼는 일에 마음을 붙여 자연스레 마음을 단속할 수 있게 하기도 하고, 농노에게 논을 경작하여 생계를 이어 갈 수 있게 해 주기도 하고, 사학을 믿는 자를 매일 밤 불러 놓고 그들이 믿는 사교가 천륜을 거역하고 윤리를 거스르는 까닭을 밝히면서 묻고 타이르고 이끌고 설명하기를 반복하며 그들이 깨달을 때까지 알아듣도록 자상하게 설명하기도 하였다. 만약 연암이 그들이 처한 상황과 능력을 고려하지 않고 청지기에게 책을 읽어 살아갈 방도를 강구하게 하고, 농노에게 물건을 만들어 이익을 내는 방법을 가르치려고 했다면 그들은 그 일을 집어던져 버리고 뛰쳐나갔을지도 모른다. 연암은 상대방의 수준에 맞추고 그들이 가장 잘 할 수 있는 것을 참작하여 사람답게 살 수 있는 방도를 안내해주며 성장할 수 있도록 도왔던 것이다.

상담을 잘 하려면 상담자는 청담자의 특성과 역량을 적절히 고려해야 한다. 아무리 훌륭한 방법도 상대방에게 맞지 않으면 성공할 수 없기 때문이다. 따라서 상담자는 청담자의 특성과 역량을 고려하여 해결하고 싶은 문제나 욕구가 무엇인지 제대로 파악한 후 청담자의 상태에 맞고 어울리는 방식으로 성장할 수 있도록 도와주어야 한다.

지금까지 연암의 인간 변화를 위한 구체적 전략을 통해 현대 상담에서 활용해 볼 수 있는 구체적 기법을 찾아 정리해 보았다.

먼저, 상담자는 상대방의 심리를 자극해서 감동을 줌으로써 자신을 돌아보며 스스로 변화와 성장하려는 마음을 갖고 실천해 나가도록 해 주어야 한다. 또한 일이 해결된 뒤에도 청담자가 다시는 문제 상황에 빠지지 않으려는 의지를 갖도록 이끌어 주어야 한다. 이렇게 청담자가 상담자를 마음으로 감동하여 믿고 신뢰하면서 성장하고자 하는 욕구가 생기면, 상담자는 청담자가 자기 삶에 긍정적인 의미를 갖는 목표를 설정한 후, 그 목표를 달성할 때까지 문제에 집중할 수 있도록 마음 붙들기를 도와주어야 한다. 마음 붙들기를 잘 하도록 돕는 방법은 여러 가지가 있겠지만 연암을 통해 배울 수 있는 것으로는 끈질긴 대화를 통해 마음 붙들기, 청담자의 성장에 초점을 맞추어 꾸중하기, 방대한 독서를 통해 얻은 다양한 이야깃거리를 다양한 장면에 흥미 있게 전개함으로써 구체적이고 가슴 깊이 녹아드는 가르침 주기 등이 있다. 그리고 목표를 향해 무작정 달려가지만 말고 때로는 목표를 향해 달려가던 마음을 풀어 놓아 느슨하게 하며 유머 감각도 키우고, 놀이와 장난에 빠져들어 보기도 하고, 수다도 떨고, 취미 생활도 하며, 가끔은 촐랑거려 보는 것도 괜찮고, 게으름을 부려 보기도 하고, 크게 웃으며 스트레스를 풀기도 하며 그들의 삶을 즐길 수 있도록 삶을 즐기는 방법도 전수해야 한다.

또한 상담자는 유머 감각으로 상담과정을 부드럽게 이끌어 주고 창의적인 방법으로 청담자의 확산적 사고를 도와 청담자가 다양한 방법으로 자신을 탐색하고 문제를 해결하며 성장할 수 있도록 도와야 한다. 마지막으로 상담자는 청담자가 해결하고 싶은 문제나 욕구가 무엇인지 파악한 후, 청담자의 특성 및 역량을 적절히 고려하여 청담자의 상태에 적합하고 어울리는 방식으로 성장할 수 있도록 도와주어야 한다.

연암은 상담자로서 다양한 방법을 동원하여 청담자 스스로 문제를 파악하고 해결할 수 있게 도와주었다. 따라서 우리는 연암을 통해 자신의 삶을 충실하게 살며 남에게 이로운 사람이 되는 법을 배워야 한다. 또한 삶의 여유를 즐기며 살아가면서도 성공할 수 있는 지혜를 배워 상담자 자신뿐만 아니라 청담자도 행복하게 성장할 수 있도록 도와야 한다.

7

맺음말

이 책은 오랜 세월 숙성되어 온 '우리 것'을 탐구했다는 점에서 기존의 현대 상담에서 다루어 온 내용과 상당한 차이가 있다. 다시 말해, 서양중심적 사고에서 벗어나 오랜 세월 동안 우리의 생각을 지배하며 삶 속에 깊이 뿌리박힌 조상들의 삶에 대한 가치관, 태도, 생활양식 및 표현 방식 등을 찾아 현대 상담에 활용할 수 있는 방법을 찾으려 하였다. 조상들의 삶과 사상 속에서 상담과 관련된 요소를 추출하여 상담학적인 관점에서 이해하고 재구성하면 현대를 살아가는 한국인에게 알맞은 한국적 상담법이 탄생할 수 있을 것이라 생각했기 때문이다. 특히, 필자들은 상담자로서 적절한 인격을 갖추고, 청담자와 바람직한 관계를 형성하고 유지하며, 구체적인 전략과 기법을 가지고 청담자가 바람직하게 성장할 수 있게 도우며 살아간 조선 시대의 대표적 실학자 연암 박지원의 삶과 사상을 조명해 보았다.

연암의 삶과 사상 속에서 우리는 청담자를 변화시킬 수 있었던 원리와 전략을 바람직한 삶의 원리, 관계 형성의 원리, 인간 변화를 위한 구체적 전략 등 세 가지로 나누어 정리할 수 있었다. 또한 이 원리와 전략을 바탕으로 현대 상담에 적용할 수 있는 상담자의 자질과 구체적인 상담 전략을 체계화하였다. 상담자의 자질은 다시 두 가지로 나누어 상담자로서 갖추어야 할 바람직한 자질과 상담자가 청담자와 관계를 맺고 유지하는 데 필요한 관계 형성 및 유지 능력으로 정리하였고, 현대 상담에서 실제로 활용할 수 있으면서 바람직한 성장을 도울 수 있는 상담 기법을 발굴하였다.

필자들은 연암을 통해 조상들의 삶과 사상을 접하면

서 연암뿐만 아니라 우리 조상들은 이미 그 옛날부터 상담자의 위치에서 청담자가 문제를 해결하고 바르게 성장할 수 있도록 돕는 방법을 알고 실천하고 있었음을 보며 가슴 뿌듯함을 느낄 수 있었다. 그러나 우리는 조상들에게서 배울 수 있는 우리식 상담법을 찾으려는 노력을 소홀히 하면서 서구식 상담법에 지나치게 쏠려 있었던 것 같다. 조상들의 삶과 가치관을 통해 배울 수 있는 소중한 상담학적 지식, 그동안 관심을 갖고 바라보지 않아서 찾을 수 없었던 조상들의 지혜를 찾아내어 이를 가치 있게 담아내는 것은 무척 중요하다고 생각한다. 서구에서 시작된 상담을 존중하면서도 우리에게 보다 잘 어울리는 상담지식을 찾아내는 작업이 앞으로도 계속 이어지기를 바란다.

이 책은 연암 상담에 대해 언급한 첫 번째 연구로서 나름대로 의미가 있지만 부족한 점도 있을 것이다. 연암 상담에 대한 후속 연구가 이어지면서 보다 정교하고 체계적이고 활용 가능한 상담 지식이 생산되기를 기대한다.

| 참고문헌 |

고미숙(2007). 열하일기, 웃음과 역설의 유쾌한 시공간. 서울: 그린비.

권용진(2003). 연암 박지원의 교육사상. 전주대학교 대학원 석사학위논문.

김혈조 역(2004). 그렇다면 도로 눈을 감고 가시오. 박지원 저. 서울: 학고재.

박성희(2003). 상담의 새로운 패러다임. 서울: 학지사.

박성희(2006). 담임이 이끌어 가는 학급상담. 서울: 학지사.

박성희(2008). 고전에서 상담지식 추출하기. 서울: 학지사.

박성희(2008). 마시멜로 이야기에 열광하는 불행한 영혼들을 위하여. 서울: 학지사.

박성희(2005/2008). 현명한 아버지가 아이의 미래를 바꾼다. 서울: 가야북스.

박성희, 이동렬(2005). 상담의 실제. 서울: 학지사.

박희병 역(2005/2008). 고추장 작은 단지를 보내니. 박지원 저. 파주: 돌베게.

박희병 역(1998/2009). 나의 아버지 박지원. 박종채 저. 파주: 돌베게.

신호열, 김명호 역(2007). 연암집 상, 중, 하. 박지원 저. 파주: 돌베게.

이정란(2005). 연암 박지원의 교육사상 연구. 전주대학교 대학원 석사학위논문.

최성호(1997). 유머사전. 서울: 문학마을.

한정주(2007). 조선을 구한 13인의 경제학자들. 서울: 다산북스.

저자 소개

정미정

청주교육대학교 수학교육과 졸업
청주교육대학교 교육대학원 교육학석사(초등상담교육 전공)
현 충북 부강초등학교 교사

[논 문]
연암 박지원의 삶과 사상 속에 담긴 상담요소 분석(2010)

박성희

1957년 서울 출생
서울대학교 사범대학 교육학과 졸업
서울대학교 대학원 교육학과 교육상담학 박사
한국행동과학연구소 상담실 책임연구원
미국 위스콘신 대학교 상담학과 객원교수
캐나다 브리티시 컬럼비아 대학교 상담학과(ECPS) 객원교수
한국상담학회 수련감독사
현 청주교육대학교 초등교육학과 교수

[저서와 역서]
선생님은 해결사 시리즈(공저, 학지사, 2010)
공감(학지사, 2009)
동양상담학 시리즈 1~12권(공저, 학지사, 2007~2009)
황희처럼 듣고 서희처럼 말하라(이너북스, 2007)
동화로 열어가는 상담이야기(이너북스, 2007)
담임이 이끌어 가는 학급상담(학지사, 2006)
꾸중을 꾸중답게, 칭찬을 칭찬답게(학지사, 2005)
상담의 도구(대한민국학술원 선정 우수도서, 이동렬과 공저, 학지사, 2002)
상담의 새로운 패러다임(대한민국학술원선정 우수도서, 학지사, 2001)
상담의 실제(대한민국학술원선정 우수도서, 이동렬과 공저, 학지사, 2001)

동양상담학 시리즈 13

연암과 상담

2010년 10월 27일 1판 1쇄 인쇄
2010년 11월 3일 1판 1쇄 발행

지은이 • 정미정 · 박성희
펴낸이 • 김진환
펴낸곳 • (주) 학지사

121-837 서울특별시 마포구 서교동 352-29 마인드월드빌딩 5층
대표전화 • 02)330-5114　　　팩스 • 02)324-2345
등록번호 • 1992년 2월 19일 제2-1329호

홈페이지 • http://www.hakjisa.co.kr
커뮤니티 • http://cafe.naver.com/hakjisa

ISBN 978-89-6330-545-5　94180
　　　978-89-5891-400-6 (set)

정가 7,000원